道家的人文精神

從老莊哲學看社會關懷與生命實踐

陳鼓應——著

目錄

貳　老莊的人文思想

序言

這本書彙集了我從一九九五年到二〇一一年參加國內外學術會議所撰寫的文章，雖然這些文章有相當大的時空間隔，但都表達了我對道家思想在兩個主題下的詮釋：其一是道家的社會關懷，其二是老莊的人文精神。

本書以《道家的人文精神》為名，意在闡發歷代道家的人文情懷。在我看來，道家思想園地裡，人文與自然是相互蘊含的。老子的「道法自然」洋溢著人文的內涵，而莊子讚歎「天地有大美而不言」時，物理的自然中深透著人文的意蘊，更由人文的自然提升到境界的自然。借用方東美先生的話，道家的自然「在中國人文主義者看來，都是普遍生命流行的境界」。

這是繼《老莊新論》之後另一本闡釋原始道家的書，兩書有理路上的一貫性，也有發展上的不同。《老莊新論》在寫作上有幾個特點：第一是盡量根據文本來說話。不過，讀者依然可以從字裡行間隱約體會到我對老莊的評價要高於儒墨名法。

第二，我對老莊思想做解釋時，有相當濃烈的時代感受被置入我的詮釋之中。我青年時代生活在威權體制下和道統意識的籠罩下，因此我有較強烈的反絕對主義、偶像主義和單邊主義（Unilateralism）的思想觀念，也反對凝固化、禁錮化和獨斷論的哲學系統。老莊開闊的心境能含容多元性、多樣性的價值，這不只是我對《老子》、《莊子》做文本的詮釋，這種理念也滲透到我內心深處。所以，我字裡行間不自主地凸顯出自由自適的意境和相尊相蘊的齊物精神。本書與《老莊新論》的略異之處在於主題更為明確。首先，作為一名知識分子，幾乎每篇文章都透過老莊表達了我對社會的關懷。其次，作為一名學術工作者，尼采和莊子是我進入哲學領域的兩個通道。他們都歌謳生命，以生命為主題。透過這兩者照見了西方文化的輝光，也透視了西方中心論的弊病，我這本書其中一篇文章〈異質文化的對話〉表達了我這樣的觀點。

在本書十餘篇文稿中，所引述的事例和論述的觀點，頗有些重複之處，敬請讀者見諒。凡重複引述的事例和論述的觀點，委實是出於我內心不自抑的流露。例如，當我的論述放眼到國際事物時，我所耳聞目睹的日軍侵華之暴行，便無可阻遏地從我的記憶中一再浮現出來；當我討論到地球村的一些情景時，破除西方中心論及探索其集權宗教的歷史淵源，便不期然地在我的筆下一再陳述。從道家思路審視現實世界，我確有「書不盡言，言不盡意」之感！

因此這本書的初版即便距今已過了十多年，此種感慨卻不因時間的流逝而有變化，我仍跟臺灣商務表示希望能重版這本舊作，是因為這幾年世界發生了巨大變化——美軍已撤出中東，但傷害是難以恢復的；二〇二〇年新冠肺炎衝擊全球，整整三年的時間，人類都處於疫病的恐慌中，令我們重新思索生活與死亡的意義；二〇二二年新冠疫情還未緩解，氣候危機、戰爭等問題，又讓世界陷入更嚴峻地挑戰。在我們追求無止盡地成長中，卻以環境與人權侵犯作為代價。這些國際大事都令我更加感受到道家的智慧，希望能藉著這本書的重版，讓我們深刻地反思尊重、關懷與生命。

陳鼓應　二〇二三年五月上旬

壹

道家的社會關懷

道家的社會關懷

春秋戰國之際，中國社會處於空前的動盪變化之中，傳統的禮樂制度已不能維繫正常的社會秩序及政治運作，各階層人們的生存狀態也面臨著深刻的危機。在這種局面之下出現的諸子百家，無一例外地對社會政治制度、社會秩序以及人的生存狀況表現出極大的關心。道、儒、墨、法諸家從不同的角度提出了不同的主張，它們互相爭鳴、交滙，共同促進了中國社會政治哲學及人生哲學的形成與發展。本文特就道家學派在人間社會諸多問題上的主張略作說明。

一　道家入世的態度及方式

一提起道家，很多人便把它與老莊等同起來。而實際上，在道家這一名稱下包含有眾多的派別及傾向，僅用老莊是不足以概括的。譬如老子與莊子之間，便有關尹、楊朱、列子，他們的事蹟及學說要旨在《莊子》及《呂氏春秋》中都有記載。此外，更重要的是戰國時期聲勢最大的黃老學派。這一學派的面貌及其在道家思想中的重要位置，隨著馬王堆漢墓帛書的出土，受到越來越多學者的注意。實際上，在這之前，一些著名學者就曾論及，不過並沒有受到學界的重視。如蒙文通先生早已指出：「百家盛於戰國，但後來卻是黃老獨盛，壓倒百家。」[1] 若再回過頭來看看漢人從司馬談到班固的說法，都視黃老為道家的主流學派。這種情形應引起我們特別的關注。

在現代的學者中，人們非常強調道家思想與隱者的關係，隱者被認為是道家的社會基礎。固然，隱士可以視為道家思想的先驅人物，但我們還要意識到，道家學派或思想是非常複雜的，如陳榮捷先生所說：「（隱士）最多不過反映道家思想的一個角度，而這個角度又不是最重要的。」[2] 實際上，過分強調道家思想與隱者的關係，往往會給人留下道家消極而出世的印象，這是人們對老莊思想發生誤解的一個重要原因。

1 蒙文通，《古學甄微》（成都：巴蜀書社，一九八七年），頁二七六。
2 陳榮捷，《中國哲學論集》（臺北：中研院中國文哲研究所，一九九四年），頁一六八。

道家內部眾多的傾向大體上可以分為老學、莊學與黃老學三個派別。它們入世的角度及深度雖有異，但同樣把目光投向了變遷中的社會。本文以下的討論即以上述三派的區分為基礎，或分或合地進行。

道家三派所關注的範圍，不外乎治身及治國兩方面。治身及治國並提，較早見於作為黃老學文獻的《呂氏春秋．審分》：「治身與治國，一理之術也。」以治身與治國為一個道理。這兩個方面其實也就相當於《莊子．天下》篇所說的「內聖外王」，同時就是道家入世的兩種主要方式。老、莊與黃老都涉及到了這兩個方面，但有側重點的不同。茲分別介紹於下：

老子的治身與治國

老子之學繼承了史官的文化傳統，推天道以明人事，故提出道的學說，以為其入世的依據。史官因其特殊的職業背景，對於社會政治有濃厚的興趣，所以老子思想主要關心的是治道。我們熟悉的自然無為等觀念主要是作為社會政治原則而提出的，但由於政治的關鍵在侯王、國君，因此這些原則之可行與否，又與侯王個人之品質有密切關係，故治國亦須以修身為依據。《老子》五十四章說：

修之於身，其德乃真；修之於家，其德乃餘；修之於鄉，其德乃長；修之於邦，其德乃豐；修之於天下，其德乃普。

故以身觀身，以家觀家，以鄉觀鄉，以邦觀邦，以天下觀天下，吾何以知天下然哉？以此。

這裡由身推到家、鄉、邦、天下，老子內聖外王的思路表現於此。其修身的具體方法，即是通過一定的步驟復歸到樸德不散的狀態。這個步驟可從三方面講：一是「天門開闔，能為雌乎」（《老子》十章），使感官活動不過分外馳；二是「滌除玄鑒」即「虛其心」，以使內心達於清明之境；三是「專氣致柔」，以使人達到「精、和之至」的嬰兒狀態，保持常德不離。經過這樣的修持，君主便可實踐老子所提出的那些政治原則，即「唯道是從」。

老子治國及治身的方法，其特異處是在「以退為進」或「損之而益」。其理論基礎則是對道的運動（「反」）及作用（「弱」）的理解，其實質則是長時期歷史經驗的總結。在老子的「以退為進」或「損之而益」中，「退」或「損」只是一種方式，「進」或「益」才是要達到的目的。我們不能因老子強調了「退」或「損」的方面，便得出其思想消極、倒退的結論。

莊子的「內聖外王」

《莊子》一書由內篇、外篇和雜篇三個部分組成，一般學者都承認，內七篇是我們研究莊子思想的主要材料。與老子相比，莊子明顯把注意力主要放在了治身即內聖的方面，他的治身，主要表現為對個人生命的關注。因為特殊的時代背景，又被迫採取「外其形骸」的主要養神、養心的選擇，提出「心齋」、「坐忘」等以為其逍遙遊世的內在依據。

「內聖外王」一詞最早見於《莊子．天下》篇，作為一種理想道術的形態而提出。〈天下〉篇所標示的「內聖外王」的理想，是十分獨特的，它懷抱著「育萬物，和天下，澤及百姓」的社會意識，又具有「配神明，醇天地」的宇宙精神。〈天下〉雖非莊子所自作，但「內聖外王」也是莊子本人學術的理想。〈逍遙遊〉鯤鵬寓言所表達的遠舉之志，〈外物〉篇任公子釣大魚寓言所表達的「經世」之志，可以見出莊子未嘗沒有濟世的抱負，只是囿於世道的黑暗，而無法實行。因此，才對治平之事表現出不關心甚至鄙視的態度。在〈應帝王〉中不得已提到治道時，只是說「順物自然而無容私焉，而天下治矣」。但是，對外王方面的不甚重視，並不表示莊子缺乏對社會的關懷與社會責任感，他對亂世之中個人命運的關懷，恰恰是許多士人所忽視的社會生活的一個重要方面。

黃老學的「心治」與「國治」

黃老學作為戰國時期的顯學，產生於戰國早中期，其代表作便是馬王堆漢墓出土的帛書《黃帝四經》，此後，許多人學習黃老學，如司馬遷在《史記．孟荀列傳》中曾提到田駢、環淵、慎到、接子等，他們都是齊國稷下學宮中的稷下先生，因其學說闡發黃老思想，故黃老學在稷下得到了迅速地發展，成為一個以黃老道家思想為主導的學術中心。[3] 形成於稷下的《管子》一書中有大量的篇章如〈內業〉、〈心術〉上下、〈白心〉，以及〈形勢〉、〈宙合〉、〈樞言〉、〈水地〉、〈勢〉、〈正〉等

3　陳榮捷先生在〈戰國道家〉一文中指出：「戰國的道家以稷下為最盛。其所知名的十七人中，彭蒙、慎到、接子、田駢、環淵、宋鈃、尹文七人有道家之學，比較儒家只有孟子、荀子兩人……不止三倍。」可見稷下道家人物之盛。《中國哲學論集》，頁二三四。

均屬於黃老學著作（其中以我們現在習稱的《管子》四篇，即〈內業〉、〈白心〉、〈心術〉上下最為重要）。

在上述道家三派中，把治身與治國結合最為緊密、且對後世政治發揮實際影響的是黃老學派，特別是稷下道家。在《黃帝四經》中，治國的方面得到了格外的強調，卻很少涉及治身方面。稷下道家則不然，〈心術下〉說：「心安是國安也，心治是國治也。」心安、心治是治身、內聖，國安、國治是治國、外王，二者究其實乃是一體、一理。當然，因身與國其事不同，其治身與治國的具體方法也各異。就治身而言，〈內業〉提出了精氣說以為依據，認為精氣是人生命力及智慧的基礎或來源。它說：

> 精存自生，其外安榮，內藏以為泉原，浩然和平，以為氣淵。淵之不涸，四體乃固；泉之不竭，九竅遂通。乃能窮天地，被四海。

因此，人首要的目標便是護養住精氣，其具體方法是內靜而外敬。內靜是指人心保持虛靜狀態，〈內業〉說「修心靜意，道乃可得」，道即指精氣。外敬則指人之形體動作要端正，「形不正，德不來」。〈內業〉曾描述了人若能做到「內靜外敬」之後的效用：

人能正靜，皮膚裕寬，耳目聰明，筋信而內強。乃能戴大圓，而履大方，鑒於大清，視於大明。敬慎無忒，日新其德，遍知天下，窮於四極。

在治國的方面，稷下道家同樣要求君主須保持虛靜的心態，而因任物之自然，所以提出了所謂「靜因之道」（〈心術上〉）。〈心術上〉說：「因也者，舍己而以物為法者也。感而後應……緣理而動。」要求君主去除己意，完全依物理而動。物有形有名，聖君因之而立法，如此「名正法備則聖人無事」（〈白心〉）。

以上所述表明，道家三派在春秋戰國時期社會大變動中，都以入世的精神關注著社會生活的不同方面。它們並提出具體的辦法，以求在社會變革中發揮積極的作用。

二　道家對理想社會政治制度的看法

在社會大變革中，政治制度是一個非常突出的方面，從西周到春秋時期，政治制度是由禮來規定並通過它體現的。禮崩樂壞的現實狀況給不同政治制度方案的出現提供了現實的可能性。在這些不同的政治制度設計中，既有從孔子開始的為圖恢復，並完善以禮為核心的政治秩序，又主張發揮人的內在道德性以為其根據的儒家，也有要求把君主專制與以法治國結合起來的法家。比較起來，道家特別是黃老學派的政治設計似乎介於儒家和法家之間。

道家中老子及黃老一系，歷史上被視為「君人南面之術」（《漢書‧藝文志》）。這「術」字應該從廣義上來理解，並不限於法家所說「術」的範圍。廣義的「術」即是一種方法，君人南面之術就是君主統治、治理國家的方法。道家關於此方法有一整套的理論加以說明。

貴時主變

社會的大變動要求政治制度的革新，諸子百家都了解這一點，但理論上的說明是另一回事。應該說，就對「變革」的思考來說，道家在諸家中是最深刻的。司馬談〈論六家要旨〉曾強調道家對變革的態度，他說「道家使人精神專一……與時遷移，應物變化……因時為業……因物與合……聖人不朽，時變是守」。司馬談的確掌握了道家「貴時主變」的特點，不過司馬談心目中的道家，乃指黃老一系而言，而貴時主變確實是老學發展到黃老之學的一個重要的特徵。

道家從老子起就重視變化的普遍性。作為萬物本原的道，本身就是一個變動體，「周行而不殆」及「反者道之動」都指道處在永不停息的循環運動之中。對道的這種理解既有自然天道的背景，同時也是社會情形的折射。老子力圖把握社會變動中的規律性——變中之常，以使自己在紛紜的變化中居於主動地位。老子說：「知常曰明；不知常，妄作，凶。」「常」在老子那裡通過道表現出來，他要求人們的行為應合於道及天道。這在現實生活中就表現為對時機的認識、把握，即是他所強調的「動善時」。

時及變的觀念在黃老學派中得到了進一步的強調。馬王堆帛書《黃帝四經．經法》說：「天地無私，四時不息。」客觀世界的變化是永不停止的，置身於此變化之流中的人應該有如何的對策呢？《經法》說：「應化之道，平衡而止。」所謂平衡，即是行為得當，合時宜，無過與不及，即「靜作得時」。帛書《黃帝四經》認為，人們應根據時機是否成熟來決定是靜還是作，「天時不作，弗為人客」、「當天時，與之皆斷。當斷不斷，反受其亂」。因此，聖人並不依靠機心取巧，但知待時而動，所謂「聖人不巧，時反是守」。《管子》中同樣十分重視「時」，如〈白心〉講「以時為寶」、「時變是守」，〈宙合〉認為要「審於時」，說「聖人之動靜，必因於時，時則動，不時則靜」。

從理論上來講，道家對時、變的討論都與天或道有關，而其現實的意義則在於道家面對變化著的社會，力圖對之做出說明，並以某種方式積極地參與。從這個意義上講，貴時就是掌握社會變化的節奏，而主變即是參與社會的變革。在社會變革面前，道家並不都是墨守或開倒車，《管子》中關於武王伐紂的評價足以表明這一點。〈白心〉說：「子而代其父，曰義也，臣而代其君，曰篡也，篡何能歌，武王是也。」子而代父，是某一階段社會演進的正常情形，是合乎義的；從這個立場上來看，以臣代君是篡，不合乎義，但在有些情況下，這種篡的行為因其順天應人、適應了社會變化的趨勢，仍值得稱讚，如武王伐紂即屬此類，這是屬於政治權力轉移的問題。至於制度方面的變革，受黃老思想影響的《莊子．天運》有十分精闢地論述：「夫水行莫如用舟，而陸行莫如用車。以舟之可行於水也而求推之於陸，則沒世不行尋常。古今非水陸與？周魯非舟車與？」從古至今，社會發生的變化就好比是水面變成陸地，相應地，人們的交通工具也應由舟變成車。否則的話，「勞而無功，身必有殃」。〈天運〉篇還把制度比作「桔槔」，它說：「且子獨不見夫桔槔者乎？引之則俯，舍之則仰。彼，人之所引，非引人也。故俯仰而不得罪於人。」制度應該被人牽引而不是相反，因此某一制度若已不合時宜，不能被絕大多數人接受，就應變革。所以該篇後文總結說：「故禮義法度者，應時而變者也。」正是本著這樣的一種態度，道家才提出了自己不同於傳統制度方面的主張。

道德形名

就現實的社會制度而言，諸子興起時所面對的是弊端叢生、幾近崩潰的禮制，它以建立在血緣關係基礎上的親親、尊尊等原則為核心，通過一系列的名、器來表現。就對禮制的態度而言，除儒家力圖改良、恢復外，各家均表示了懷疑、批評甚而否定的立場。老子提出「夫禮者，忠信之薄，而亂之首也」，「上禮為之而莫之應，則攘臂而扔之」，表明老子認為，禮已經變成了統治階層箝制百姓的工具，破壞了社會道德及秩序。當然，老子並沒有提出自己正面的具體主張，他只是講了一些一般的原則，如「法道」之類，這項工作有待黃老學派來完成。

黃老學派關於社會制度方面的主張也有一個變化的過程。帛書《黃帝四經》第一次在道家中引入了「法」的觀念，而後來的稷下道家又把「禮」也包括進來（《管子．心術上》）。《黃帝四經》所謂「法」有這樣幾個特點：第一，它的來源及依據是天道，《經法》一開始便說「道生法」。從其具體地論述來看，它是說從虛無無形的道中生化出天地四時，天地四時的運動表現出一定的法則，人們依此而確定治國的原則，就是法。因此，通過「道生法」，法就獲得了客觀性。第二，以法度治國，要求精公無私，反對依據君主主觀的願望或想法治國，這就把法與「禮」區別開來。與「禮」所包含的「親親」、「尊尊」等內容相比，《黃帝四經》也更強調尊賢重士。第三，《黃帝四經》所謂法以客觀的天道及理為基礎，也不同於以鞏固君主專制為目的、主要反映君主私意的法家所謂的「法」。第四，法通過形名來表現，《四經》由此肯定名的必要性。

總的來說，在對「法」的理解上，《四經》強調了其有客觀的道理為依據。比較起來，稷下道家則又增加了「人情」一味。〈心術上〉認為，道德義禮法各有其地位及作用：

事督乎法，法出乎權，權出乎道。

在對「禮」的說明上，稷下道家又進一步說：「禮者，因人之情，緣物之理……故禮出乎義，義出乎理，理因乎宜者也。」這樣，道家對理想制度的設計就更顯全面，它既是符合道理的，又是合乎人情、人性的，天道與人性在這裡得到了統一。這樣就更進一步把道家所謂「法」（廣義的用法）與法家的「法」區別了開來。很多人都知道道道家對儒家泛道德主義的批評，抨擊道德化的政治導致素樸德性的喪失，但道家絕對不是不考慮人的本性及情感。從老子提出「聖人無心，以百姓心為心」到稷下道家的「因人之情」，都表現出道家思想中所包含的深厚的人道關懷。

君無為而臣有為

為了保證禮法的有效實施，道家還提出了政治權力中的操作原則，即君無為而臣有為，這一原則正式出現於黃老學派。從歷史上來看，老子針對統治者第一次提出了

「無為」的主張，認為君主無為，百姓可以自化、自正、自富、自樸。老子的無為，主要是想消解統治者對百姓過多的控制與干涉，給百姓更多的生存空間，以使社會恢復並保持和諧與秩序。當然實際的社會並沒有這樣簡單，僅靠無為不能就使社會恢復秩序，正是由於此，黃老學派才提出了「法」作為君主無為的補充，《經法》云：「故執道者之觀於天下也，無執也，無處也，無為也，無私也，是故天下有事，無不自為形名聲號矣。形名已立，聲號已建，則無所逃跡匿正矣。」《十大經》也說：「欲知得失，請必審名察形。形恆自定，是我愈靜，事恆自施，是我無為。」君主之無為，是因為有形名法度約束天下。與此相應，就必須有執法的人，即所謂臣。黃老學派認為，君主必須無為，而臣子則必須有為。《莊子．天道》及《管子》中的黃老學派作品都明確提出了這一原則。〈天道〉說：「無為也，則用天下而有餘，有為也，則為天下用而不足……上必無為而用天下，下必有為為天下用。此不易之道也。」《管子．心術上》也說：

「心之在體，君之位也；九竅之有職，官之分也。」耳目者，視聽之官也，心而無與於視聽之事，則官得守其分矣。夫心有欲者，物過而目不見，聲至而耳不聞也。故曰：「上離其道，下失其事。」故曰：心術者，無為而制竅者也，故曰「君」。「毋代馬走」，「毋代鳥飛」，此言不奪能能，不與下試也。

這是以心與九竅比喻君臣，充分表現稷下道家以治身、治國為一理的特點。照這裡的解釋，君無為而臣有為，第一是為了區分君臣的不同角色，並保證君主處於主動的地位，第二則是為了有效發揮大臣的能力，使各盡其責。總之，是於上於下都有利的原則。「君無為而臣有為」的主張，對法家產生了重大影響，並在中國實際的政治生活中發揮了作用。

禮樂文明的重建

在一般人的心目中，道家常被看作是道德及文明的否定者，這其實是一個極大的誤解。道家反對虛偽的、工具化了的道德，反對扭曲人性的文明，但絕不是反對一切的道德及文明。

道家從老子開始便富於濃厚的道德意識，老子標舉「三寶」（〈六十七章〉：「我有三寶，持而保之。一曰慈，二曰儉，三曰不敢為天下先。」），又著意於厚實、敦樸、質真、虛懷若谷等諸德的提倡，這是眾所熟知的。此外還有兩點值得注意：其一，老子闡揚「給予的道德」（〈八十一章〉：「聖人不積，既以為人己愈有，既以與人己愈多。」），他的這一觀點頗受當代社會學家艾．弗洛姆（Erich Fromm, 1900-1980）的推崇；十九世紀著名的哲學家尼采（Friedrich Wilhelm Nietzsche, 1844-1900）也高度肯定「給予的道德」。其二，老子強調「信」，也重視「仁」。前者已為眾所周知（老子重信，《老子》書中有許多發人深省的語句，如「信者吾信之，不信者吾亦信之，德信」、「信言不美，美言不信」等），後者卻為人們所忽略。一般人只注意到老子「絕仁棄義」的主張，而實際上他反對的並非仁義本身，而是被統治者形式化並成為其道德工具，事實上老子也重「仁」，《老子．八章》即云「與善仁」，可見人際關係老子最重仁愛。

從上述觀念出發來看老子對禮的批評，所謂「禮者忠信之薄而亂之首」，只是對沒有敦樸道德為基礎的禮樂制度的評論。這正如莊子對孔子門徒只注重外在的儀式，而忽略內心的情感所提出的批評：「子惡知禮意？」他稱那些似孔子門徒者為「散德之人」，即失去了敦樸的道德。莊子要追求的是在禮背後作為禮之根源的東西，到了莊子後學那裡，便進而要求在道德之下重建禮樂制度。如〈天道〉所說：

是故古之明大道者，先明天而道德次之，道德已明而仁義次之，仁義已明而分守次之，分守已明而形名次之……禮法數度，形名比詳，古人有之。

〈在宥〉也強調仁、義、禮等的必要性。該篇說：

遠而不可不居者，義也；親而不可不廣者，仁也；節而不可不積者，禮也；中而不可不高者，德也；一而不可不易者，道也；神而不可不為者，天也。

這都是把仁、義、禮放在天、道、德之下，表現出道家與儒家的區別。這種於道德之下重建禮樂制度的努力，在稷下道家那裡表現得最為突出。作為強大且又銳意改革的齊國，由此發展起來的一種思潮，稷下道家在繼承早期道家及齊學傳統的基礎上，表現出更大的包容性及強烈的現實參與精神。《管子》中有「禮、義、廉、恥，國之四維」的說法，在稷下道家的篇章中，禮、樂等同樣受到了肯定。如〈內業〉所說：

是故止怒莫若詩，去憂莫若樂，節樂莫若禮，守禮莫若敬，守敬莫若靜。內靜外敬，能反其性，性將大定。

這裡是強調禮樂之於修身的意義，而〈心術上〉則強調禮、義之於治國的重要性。它說：

虛無無形謂之道，化育萬物謂之德，君臣、父子、人間之事，謂之義，登降揖讓，貴賤有等，親疏之體，謂之禮。

與莊子後學相同，稷下道家也強調禮、義對於道德的從屬地位，在此基礎上，對於禮也就有了重新的解釋：

禮者，因人之情，緣物之理，而為之節文者也。（〈心術上〉）

這樣的禮就不再是一個與現實的人情物理相脫離的、徒有其表的裝飾品，而是一個可以在現實社會中有效地發揮作用的東西。禮可以說有兩個特點：一是因（緣），二是節。「因」包括兩方面，一方面是因順人之情，如老子所說「以百姓心為心」，富於古代民主之精神；另一方面是因順物之理，又有古代科學的精神。「節」即是協調人之情與物之理，使之有機地統一起來，這同時也包含了依據社會具體的發展情形，而採取一種適當的制度之義。

從老、莊對禮樂制度的批評到莊子後學、稷下道家的重建禮樂制度，是一個合乎邏輯、也合乎現實需要的變化。後者正是在前者的基礎上提出的建議性主張，因為只有這樣，道家思想才能對於現實具有影響力，實際參與社會的變革。從這個意義上講，稷下道家是把老子的思想「現代化」了，而老子思想也正因為此種「現代化」發揮了越來越大的作用。

總的來說，道家關於社會政治制度應因時而變的看法，是古代中國社會變革理論中一個重要而合理的內容。與儒家、法家相比，道家的變革主張可以稱作是改革，而法家近乎激進的革命，儒家則近乎保守的改良。道家否定了禮，又包容了禮；肯定了法，又改造了法。它提出並發揮了「因」的觀念，同時又強調了變革的普遍性與必然性，比較好地處理了因與革的關係。

三　道家對個人生命處境的關注

社會大變動所產生的影響是多方面的。不僅有政治秩序的問題，同時社會中的每個人都會受到不同程度的衝擊。一般而言，先秦諸子大多把目光投向了政治秩序的重建，而無暇顧及亂世中個人生命所受到的壓力。莊子是一位特殊的「例外者」，以其敏銳的感受，接觸到了這一「盲點」，他的哲學可以說是一首關於亂世中個人生命的悲歌。

人生在世，第一面臨的是生存問題。這不僅是指衣、食、住等，更有政治社會環境對人的存在的危害，每當社會大變動之際，殘暴的政治，連綿不斷的戰爭都會奪去很多人的生命。莊子正生活在這樣一個時代，〈在宥〉描述著「今世殊死者相枕也，桁楊者相推也，刑戮者相望也」的慘狀，〈人間世〉也借楚狂接輿之口說出了這樣的話：「方今之時，僅免刑焉。」莊子認識到，這種環境就像命運一般，是人們所無法逃避的。也許個人可以遁入山林，隱藏起來，但這不可能是大多數人的選擇。當一個人不能改變同時又不能逃避這險惡的環境時，他所能做的便是在現世中尋找避禍全生的辦法。

在學者公認大部分為莊子自著的《莊子》內七篇中，〈人間世〉常常被忽視或斥為異端，其實這正是莊子生命哲學的基礎。它集中表達了莊子對時代的感受，以及對政治的高度敏感而轉向關注個人生命的心路歷程。

在各種紛爭糾結的人際關係中，莊子特別將知識分子和統治者之間的對立作為選樣，生動地描繪出兩者關係中的微妙之處：「天下脊脊大亂……故賢者伏處大山嵁岩之下，而萬乘之君憂慄乎廟堂之下。」（〈在宥〉）這裡突出表現了亂世中知識分子與最高統治者之間的矛盾關係。莊子在〈人間世〉中通篇表露出統治者對知識分子的猜忌之心，自古以來，知識分子總希望恪盡言責，他們關懷民瘼，發諍言，提意見，然而對於在上的權勢者來說，忠言總是逆耳。〈人間世〉的開頭，莊子虛構了仲尼和顏回對話的寓言，「治國去之，亂國就之，醫門多疾」，表達了知識分子原本懷抱著救世的雄心，然而對統治階級有著透徹了解的莊子，卻借仲尼之口勸誡道：「若殆往而刑焉。」要知道權勢者對知識分子是慣性地刻忌猜疑，殘民以自暴，在權力系統中是結構性地為惡，知識分子救世的舉動便一如「螳螂擋車」，伴君如伴虎，其結局可想而知。

縱觀歷史，「桀殺關逢龍，紂殺王子比干」，愛國者諍言換取的就是如此代價。

左拉（Emile François Zola, 1840-1902）說：「政治是最骯髒的行業。」兩千多年前的莊子對此早已深有體會，故而決意不與虎狼對話，其「無用之用」的名言就是在這種極端情境下提出來的。「無用」便是不汲汲於市場價值，不被納入統治階層所擬定的價值規格，為其奔逐，供其驅使。「無用之用」便是避免淪為權勢者的工具價值，以保全自己的生活方式，創造自己的生命意境。

要保全性命於亂世，而成就自己的特殊風格，確實是莊子所面臨的人生歷程上的一個重要課題。

在《莊子》內篇中，〈人間世〉表達了知識分子不可推卸的使命感及其悲劇命運；〈應帝王〉崇尚「遊於無有」的無治狀態；〈齊物論〉在於打破自我中心而臻於人我平齊之境；〈養生主〉曉喻養神之理；〈德充符〉破除外形殘全的觀念，重視人的內在價值，並標示形體醜與心靈美；〈大宗師〉描繪真人的人格風貌，闡述死生如一觀及「天人合一」之境。從內七篇的主題思想來看，老莊雖並稱於世，實則老自是老，莊自是莊。身為史官的老子，猶誠誠懇懇地向治者諫言，而近於平民知識分子的莊子，則有著更為沉痛的現實遭遇，對於屢遭浩劫的知識分子的心聲有著更為貼切的迴響。

老莊均崇尚「無為」，卻有著不同的內涵。老子說：「愛國治民，能無為乎？」（十章）以「無為」為「愛國治民」的最高宗旨，其「無為」的主張是專就上層治者而提出的（「無為」一詞，《老子》書凡十二見，除三十七章「道常無為」外，其餘均針對理想治者而立言）。莊子「無為」的概念則由老子專就上層治者的訴求，向下落實到更廣闊更普遍的個體之中，並將老子這一與治者有關的政治概念，轉化成為一個表現人的生存狀態的詞語。就內篇觀之，「無為」僅出現三次，如「彷徨乎無為其側」（〈逍遙遊〉）、「逍遙乎無為之業」（〈大宗師〉）。這裡莊子使用「無為」的概念以作為個體精神的一種自由自在、自適自得的心境描述。《莊子》外雜篇也給予「無為」以詩意化的描繪，形容「無為」的情境為「采真之遊」，並將「無為」內化為「安其性命之情」（〈在宥〉：「無為也，而後安其性命之情。」）。

〈天下〉對莊周風格的描述也是十分獨特的。開頭的一段是這樣寫的：「芴漠無形，變化無常，死與生與，天地並與，神明往與！芒乎何之，忽乎何適，萬物畢羅，莫足以歸，古之道術有在於是者。莊周聞其風而悅之。」一般人總是依習俗常規而行事，有如被放置在既定的框架中拖曳而行，正如丹麥哲學家齊克果（S. A. Kierkegaard, 1813-1855）的一個比喻：「一輛馬車載著人在熟悉的路上行駛，即使馬車上的馭者睡著了，馬車依然能夠向著熟知的方向前行。」「芴漠無形，變化無常」，而人一旦被從特定的格式中解放了出來，卻難免失其所依，而產生「何之」、「何適」的茫然感，面臨著的將是一個虛無的深淵或者另闢一個嶄新的天地。莊子的哲學便是教人在一個封閉的世界打破後，如何走出舊觀念的洞窟，去重新安排自己的生命。

價值轉換與價值重估是莊子哲學的一個重要課題，莊子一方面尖銳地指出「俗學……俗思……謂之蔽蒙之民」，「喪己於物，失性於俗者，謂之倒置之民」（〈繕性〉），並對世俗所追逐的價值提出深刻的反省（〈至樂〉），另一方面運用浪漫主義的筆法，帶領人們從河伯的天地走進海若的世界（〈秋水〉），從學鳩的場所走進鯤鵬的天地（〈逍遙遊〉），教人不以目前而自足，擴展識見，開拓心思。〈天下〉篇描述莊周的意境是「生與死與，天地並與……獨與天地精神往來」，在莊子看來，宇宙本是個生生不息的大生命，「天地並與」便是使個體生命流進天地的大生命之中。「宇宙被看成生命力量的關係的反映，而生命的每一方面都是彼此交叉的宇宙系統的一部分。」[4]這是印第安人對自然的宇宙觀，也正是莊子的宇宙觀。

珍視個體生命、個體意識的存在，莊子借用多種寓言闡示個體差異的現實意義，呼喚對於這種個殊性的理解與尊重。在他的寓言中，混沌被好心的朋友鑿孔而死

（〈應帝王〉），海鳥為熱情的魯侯廟觴而亡（〈至樂〉），對此莊子發出了「此以己養養鳥也，非以鳥養養鳥也」的慨嘆。在緬懷先聖「不一其能，不同其事」的同時，期待社會多元局面的出現，令各種人格形態可以如「十日並出」，各種思想觀念可以如「萬竅怒號」（〈齊物論〉），形成一派自由繁盛的景象。

莊子這種對於個體生命尊重的要求，一直是中國知識分子在逆境中奮鬥的目標，他的對於自由心聲的呼喚，兩千年後的今天，猶在人們心中激盪不已！

本文為一九九五年底參加馬來西亞大學中文系及堂聯主辦「傳統思想與社會變遷」國際學術研討會而作。刊於《道家文化研究》第十四輯，北京：三聯書店，一九九八年七月。

4 張光直，《考古學專題六講》（北京：文物出版社，一九八六年），頁二〇。

道家的和諧觀

翻開世界歷史，戰爭與和平一直是人類社會的主旋律，人們祈求和平，但戰火依然綿延不息。古希臘哲學家赫拉克利特（Heraclitus）的看法在西方哲學中十分具有代表性，他將鬥爭與和諧並提，他說：「互相排斥的東西結合在一起，不同的音調造成最美的和諧，一切都是從鬥爭中產生。」他看到事物對立的統一，更觀察到事物對立的鬥爭。他指出「相反的力量造成和諧」，但是更加注意「戰爭是普遍的」。他認為，「萬物都是由鬥爭和必然性產生的」，「戰爭是萬物之父」。作為中國哲學之父的老子，在這個問題上有著不同的側重面，老子注意到事物恆久地處在對立衝突中，但是他更加強調彼此的相互依存關係。他說：「萬物負陰而抱陽，沖氣以為和。」萬物都從和諧中產生，和諧成了宇宙人生的最高準則與普遍規律。

英國哲學家羅素（Bertrand Arthur William Russell, 3rd Eavl Russell, 1872-1970）在《變動世界的新希望》[1]（*New Hopes for Changing World*）一書中開篇便說，人類有三種

衝突：人和自然的衝突，人和人的衝突及人和他自己的衝突。道家同樣注意到這多種的衝突，但強調它們的和諧關係，這三種和諧關係用莊子的術語來說就是「天和」、「人和」、「心和」。莊子所開創的天人合一境界，成為中國人生哲學的最高境界，在這種境界與思想格局下，「天人合一」就必然成為「人和」與「心和」的最後歸依。

先秦百家爭鳴是中國思想史上的燦爛時期，諸子各持其趣，但對於「和諧」的觀念，卻都一致地力加倡導。不過，在思想角度的著眼上及其達到的途徑上各有不同。儒家講和諧，著重於納入「禮制」的範圍；墨家講和諧，著重在人人發揮「兼愛」的互助精神；法家講和諧，著重在法制的實施與履行。如果我們從哲學的角度來考察，儒、墨、法是在政治社會的層面來提出人際關係如何和睦相處，也就是說，儒、墨、法各家在「人和」的範圍內提出和諧的主張，而道家不只重視「人和」，還從一個更為寬廣的思想視野出發提出「天和」，也就是說，道家所關注人間的和諧是由宇宙和

1 羅素此書曾獲得一九五〇年諾貝爾文學獎。中文譯本在臺灣有張易譯《世界之新希望》（臺灣國立編譯館出版，正中書局印行），英文的翻版書也頗流行。

諧推衍而來的，道家所關注的社會秩序是由宇宙秩序推衍而來的。由此看來，道家所談人間和諧與社會秩序是以宇宙和諧與宇宙秩序為主要依據的。

道家講人和，並不只是一種政治和社會的主張，它是有其宇宙論的基礎以及個體心靈的依據。以此，道家言及三和（「天和」、「人和」、「心和」）實已進入了一種高度哲學思考的領域。

一 儒、墨、法家的和諧觀

先秦諸子處於政局大動盪、社會大衝突的時代，他們對於如何維持人間的和諧十分關切，留下了許多寶貴的經驗與智慧之談。提到人類的和睦，人們總是會首先想到孔門「和為貴」的名言，無論是個體間的矛盾、族群間的衝突，還是國際間的糾紛，當和解的曙光出現時，總是以「和為貴」作為解決紛爭的最高原則。孔門的這句名言就是在這樣的情況下講的：「有子曰：『禮之用，和為貴。先王之道，斯為美；小大由之。有所不行，知和而和，不以禮節之，亦不可行也。』」（《論語．學而》）在這裡，「和為貴」是「禮」的運用，用現在的話講，主要是以社會規範為制約，無論大小事體都要做得合適恰當（「小大由之」）。孔子說：「君子和而不同，小人同而不和。」（《論語・子路》）和同的問題，本來就是春秋時代的一個公共論題，「和」作為認識論的一個概念，最早是由西周史伯提出的（「和實生物，同則不濟」《國語・鄭語》），戰國時的晏嬰用「和」指不同事物相成相濟的詞義，引申而指「可」與「否」的相互統一，明確提出言論開放的主張。不過，孔子認為「攻乎異端斯害也矣」，他與晏嬰在這個問題上持著不同的看法，將「和」的相成相濟概念納入到自己的禮制體系來，認為君子求和，是在一定的原則「禮」之下，而小人的「知和而和」，是為和而和，「不以禮節之」，是君子所不取的（「有所不行」）。

孔子主「仁」而言「和」，但都是在周代禮制的大前提下。而墨子是周代禮制文化的反對者，他對宗法制度在政治上的弊端有著敏銳的觀察，指出「親親」的政治體制是造成「骨肉之親，無故而富貴」的根源，他反對世襲制，主張「官無常貴，民無終賤」。墨子同樣十分重視人際關係的和諧，「和」字在《墨子》書中約三十見，超過《論語》、《孟子》的總和。墨子提倡兼愛，認為如果人人都能推廣愛心，「上下調和」，則小至父子兄弟可以齊心協力建立美好生活，大則形成上不凌下、官不欺民的政治氣候，這樣社會才能維持和睦穩定（「吏民和」）。墨子是一位具有世界眼光的社會哲學家，在當時的割據戰亂的局勢下，他不僅迫切地期望著一國的安定：「刑政治，萬民和，國家富，財用足。」而且期待四海之內都能再現升平：「天下和，庶民阜。」「一天下之和，總四海之內。」同時，他還反對霸權，指斥大國借用各種說辭干涉、侵略他國的行徑（〈非攻〉：「必反大國之說。」）。

韓非子與墨子一樣用「上下調和」來描述理想社會，但他的視角與各家不同，強調「刑名參同」才能「上下調和」；強調法治的重要性，認為法治是促進社會和諧的重要手段，這一主張在當今社會仍具有現實意義。

諸子之重視和諧，也受了他們文化傳統的影響，我們從諸子思想淵源的古代經典中也可見出，尤其是《尚書》中。《詩經》言「和」，如「和樂」、「和鳴」等，多屬歌聲相應；《易經》言「和」僅兩見，無甚深意（〈中孚〉：「鳴鶴在陰，其子和之。」此「和」與《詩經》之〈伐木〉、〈鹿鳴〉「和唱」之義同）。《易傳》言「和」較受後人留意，如〈彖傳．乾〉「保合太和」，「太和」一詞為歷代道教所喜用（如太和殿、太和山，而「太和」一詞較早見於《莊子》，〈彖傳〉釋乾卦，亦多用莊子語詞）。《尚書》多就人際關係談和諧，而且很合今天的情景。如〈康誥〉說「四方民大和會」，這是說四方的人都盛大地集合到這裡；〈堯典〉說「百姓昭明，協和萬邦」，今天國與國之間也要求有一個「協和萬邦」的良好的國際環境。

中國歷史文化數千年的發展，民族生命力的綿延實有賴於文化的凝聚力。諸子的和諧觀，也是促進民族文化凝聚力的一個重要的文化內涵。

二　老子的和諧觀

綜觀諸子，無不在人文社會的基礎上重視「人和」的重要意義，而道家對「和」的重視則更具豐富的含義。道家的「和」不僅討論人際的和諧，還外延到宇宙的秩序與和諧。

《老子》一書言「和」凡八見，同於《論語》，但內容上比《論語》更為哲理化。首先，老子在宇宙生成論上提到「和」的重要性，《老子》四十二章「道生一，一生二，二生三，三生萬物，萬物負陰而抱陽，沖氣以為和」，對這一章的哲學含義，歷來有多種解釋，但將萬物負陰而抱陽釋為道或萬物本身，即蘊含著兩種對立的原質或勢能（陰、陽），則是道家各派以及承襲道家這一觀點的儒家學派都共同接受的說法：陰陽本是相互對立的，但它們相互交通之後，則形成了一個新生的和諧體。

這也是老子相反相成思想的體現，老子的這一思想，兩千年來對中國文化產生了深遠的影響。

「常」是老子哲學中的一個重要概念，它蘊含著和諧與規律之意。〈五十五章〉中同時出現了「和」與「常」：「含德之厚，比於赤子……和之至也。知和曰常，知常曰明。」這裡老子以初生嬰兒「和之至」的狀態，來比喻含德深厚的人通過不斷提高自身的修養，保持嬰兒般嶄新的生命力。這使我們想起尼采《查拉圖斯特拉如是說》（*Also sprach Zarathustra*）中的精神三變：駱駝精神變而為獅子，再變成嬰兒。老子和尼采在「復歸於嬰兒」的說法上，都有使生命再始更新的意思。「復歸於嬰兒」，也就是〈十六章〉所說的「復命」：「夫物芸芸，各復歸其根，歸根曰靜，靜曰復命，復命曰常，知常曰明。」這一段，一方面說我們從萬物的蓬勃發展、紛紜活動中，探討其自然的秩序、宇宙的法則；另一方面作為萬物一分子的人的存在，在紛擾中透過靜定的工夫，以儲蓄生命的能量。所謂「歸根」，就是凝聚內在的生命力；所謂「復命」，就是保持生命開端的那種活力。「復命」的「復」，是周而復始、更新再始，這個規律稱之為「常」。復始、更新中以見「常」，可見「常」並非一種靜止恆定的概念，而是在變化中不斷達到平衡、和諧的狀態。

宇宙在諧和有序地運轉著，然而天地間卻也有受到激擾而失序的時候，「飄風不終朝，驟雨不終日，天地尚不能久，而況於人乎？」在老子生活的時代，人類社會正處於權力風暴席捲之中，權欲的貪婪與恣肆，造成了人間禍患的根源。針對人間社會失和的狀態，老子提出「無為」、「不爭」、「柔弱」、「處厚」等原則，希冀能夠消除社會動亂，促進人間的和睦相處。老子參照宇宙秩序以建立社會秩序，因循自然法則以保持人間和諧。因此他提出很多富於古代民主思想色彩的主張，如勸喻上位者放棄對子民的過多干預，讓人民在較為自在、自由、自足的環境中生存發展（〈五十七章〉：「我無為而民自化，我好靜而民自正，我無事而民自富，我無欲而民自樸。」）；他認為意志和欲望是與生俱來的，將之導向正途則可造福人類，故而主張發揮創造意志，收斂佔有衝動（〈二章〉：「生而弗有，為而弗恃，功成而弗居。」）。

老子直接談論「人和」的文字雖然不多，卻意味深長。〈十八章〉云：「六親不和，有孝慈；國家昏亂，有忠臣。」〈七十九章〉云：「和大怨，必有餘怨，報怨以德，安可以為善。」前者論述「孝慈」、「忠臣」實際是不和諧的狀態產物，後者告誡統治者當以平和之政治世，權力的威壓、刑律的殺戮、捐稅的榨取，都會使民生詬怨，而這時候再行德政，已很難完全彌補已經造成的災難了（「和大怨，必有餘怨」）。〈五十六章〉有言：「挫其銳，解其紛，和其光，同其塵，是謂玄同。」人際之間經過磨合消解，可以達成一種萬物混同之境，這就是「玄同」。《莊子・天下》介紹老聃思想時，說他「常寬於物，不削於人」，「挫銳」、「解紛」是「不削於人」，「同塵」是「常寬於物」，而「和光」以達「玄同」之境，正是創造開放心態，達到人與人的和諧共處。

道家的和諧觀到了戰國中期，無論是黃老學派或莊子學派，其內容都比老子更為豐富。黃老之學雖沒有像莊子那樣明確提出「天和」、「人和」、「心和」的概念，但黃老言「和」已觸及這類內容。黃老的和諧觀在「人和」方面的主張較為突出，他們強調「公」、「當」、「平衡」的觀念，以作為實現社會和平的必要條件。「當」是黃老學派的重要概念，有適度之義，而「平衡」的概念最能說明黃老在「人和」運用上的特點，例如老莊都有批評禮法的傾向（老莊站在平民知識分子的立場上，對「禮不下庶人，刑不上大夫」的封建禮法進行了尖銳的批判），但黃老卻援禮法以入道。黃老將法制導入以禮制為主軸的社會，又將情與理注入僵化的禮制文化中，使之具有活潑的生命力，所謂「禮者因人之情，緣物之理也」（《管子・心術上》）。禮法與情理的平衡，使之更能滿足社會的需要。

黃老重人和也講天和與心和，但不如莊子精闢，限於篇幅，我們略過黃老，重點探討莊子的和諧觀。

三　莊子的和諧觀

討論莊子的和諧觀，我們可以注意「天和」、「人和」、「心和」這幾個不同的概念。由莊子思想的旨趣所決定，在諸種和諧中，他更強調個人內心之和，並把它與天和聯繫起來。以此莊子所謂「人和」較多是為了「與世俗處」（〈天下〉）的需要，心和與天和才是他特別注意的方面，並且構成人和的基礎。我們且從「天和」說起。

莊子繼承老子就萬物生成論以說「天和」，可是莊子談「天和」更多的是就天人之境來講的，我們先就前者做一介紹：

莊子認為氣是萬物的基本原質（「通天下一氣耳」〈知北遊〉），它有陰陽之分，陰陽之氣相互交通而形成新的和諧體（「兩者交通成和而物生焉」〈田子方〉）。《莊子・田子方》比《老子》更為細緻地論述陰陽和合生物及其變化規律，這一觀點為道家各派所共同持有。在〈知北遊〉中莊子還說身是「天地之委形」，生是「天地之委和」，性命是「天地之委順」，這裡也還是認為個體生命是天地陰陽兩氣和諧結合的產物。個體性命源於天地，萬物本是同體並生，則其生命活動也當與天地萬物同波，所謂「天地與我並生，萬物與我為一」（〈齊物論〉），人的存在當從宇宙的規模來把握它的意義。

在莊子看來，宇宙是萬物之始、萬物之生的母體，它既為個體生命所從出，也為個體生命所依歸，個體生命是宇宙生命不可分割的一部分。在這種宇宙觀的基礎上，道家認為大自然是人類存在的母體，作為個體存在的人，也分享了作為母體存在的和諧性。個體生命的誕生是從存在母體中分離出來的和諧體，它的生存與發展呈現出蓬勃與紛紜的情狀，但回視到內在生命的根源處，這種根源的深層處呈現的是一種和諧的狀態。換言之，道家的和諧觀正是以廣大的存在母體作為背景，而又以探討個體內在生命的根源處作為依據；道家的「人和」是由宇宙秩序與個體心靈和諧引發出來的。以此，莊子的天和、人和、心和三者層層相因，導出其天地精神的人生意境以及天人合一的藝術境界。

天和與人和

天人關係是莊子哲學中的一個重要內涵，天、人並舉，天和與人和相提。《莊子．天道》說：「夫明白於天地之德者，此之謂大本大宗，與天和者也；所以均調天下，與人和者也。與人和者，謂之人樂；與天和者，謂之天樂。」「與天和」，究其義乃「與天合」，是就天人合一而說的。這裡說能夠體會天地的功能與作用，就能掌握生命主軸（「大本大宗」），主導事物變化（「命物之化而守其宗」〈德充符〉）。這裡說的「與人和」，意即「與人合」，指人與人之間和睦相處，社會安和，則天下均平協調。莊子將人際和諧之境稱為「人樂」，但他更注重達到「天樂」——與天合一的境界。他說「知天樂者，其生也天行，其死也物化。靜而與陰同德，動而與陽同波」（〈天道〉），這一段富於哲理的語言，表明了在莊子看來，宇宙是一個生生不息的大生命，個體生命的活動在其中與萬化同流，活畫出一個源於天地、又復歸於天地的生命的形象。

天樂之樂

〈天道〉還說「天樂」即以虛靜之心「推天地、通萬物」，即由個體本我來體會宇宙大我的逍遙之境，並以「吾師乎」之言來讚美「覆載天地，刻雕眾形，此之為天樂」，認為道造化天地，雕刻眾形，天地眾形競相爭麗，各逞其能，形成了一個美妙的世界。眾形之巧美不勝收，莊子遂發出無限之讚歎：「山林與！臯壤與！使我欣欣然而樂與！」（〈知北遊〉）即是以審美的眼光來觀照「天地大美」。

《莊子》外篇之〈天地〉、〈天道〉、〈天運〉三篇著重描寫天地演化、自然的運作、萬物的本然性和自然性，同時都對「天樂」作了哲理化和詩意化的描寫。〈天地〉有一段文謂「金石有聲，不考不鳴」，而道的音樂則為無聲之樂（「聽乎無聲」）。老子說「大音希聲」，這無聲之樂，是與萬籟相調協的聲樂，它在「無聲之中」卻散發出和諧之美（「獨聞和焉」）。

道體冥冥，故而發出無聲之樂，然而道所創生的天地萬物卻是「怒動而為有聲」的。〈齊物論〉描繪的三籟正是宇宙間天地人交相發出的一個和諧的交響樂，大自然千差萬別的音聲譜寫出天籟的樂章；人籟則是「比竹」，「比竹」便是簫管笙簧之屬。〈齊物論〉的三籟中，莊子虛寫天籟、人籟而實寫地籟，地籟是風吹山陵大木，凹凸不平的竅穴發出高低不同的音聲。莊子以「萬竅怒號」來形容大地激發的自然音響，猶如一曲雄壯昂揚的交響曲。「泠風則小和，飄風則大和」，「厲風濟而眾竅為虛」

——「風濟」如休止符，「為虛」則動中趨靜，呈現出萬籟俱寂的景象。「而獨不見之調調之刁刁乎」，雄壯的交響曲雖已休止，卻威勢猶存，如美妙樂章的餘音嫋嫋。

〈天運〉談天樂，如同〈齊物論〉的三籟，對於天地間變化無窮的自然樂章有著更具形象化的描繪。〈天運〉用寓言的方式，講黃帝在廣漠之野（「洞庭之野」）演奏《咸池》樂章，但它不是一般的宮廷之樂，乃是自然的聲樂：

北門成問於黃帝曰：帝張《咸池》之樂於洞庭之野……帝曰：……吾奏之以人，徽之以天……調理四時，太和萬物。四時迭起，萬物循生；一盛一衰，文武倫經；一清一濁，陰陽調和，流光其聲；蟄蟲始作，吾驚之以雷霆。……所常無窮，而一不可待。

吾又奏之以陰陽之和，燭之以日月之明；其聲能短能長，能柔能剛，變化齊一，不主故常；在谷滿谷，在坑滿坑，……其聲揮綽，其名高明……流之於無止。

吾又奏之以無怠之聲，調之以自然之命，故若混逐叢生，林樂而無形；布揮而不曳，幽昏而無聲。動於無方……行流散徙，不主常聲。

〈天運〉這裡所描繪的「天樂」，為一首大自然的三部曲樂章，分為三個主題進行演奏。第一部曲是以人事為主題，並依自然規律來演奏；第二部曲是以陰陽之和為主題，用「日月之明」來燭照而進行演奏；第三部曲是以「無怠之聲」為主題，用奔流不已的音調來演奏。

第一部曲寫至樂的「調理四時」：春夏秋冬更迭而起，一切物類順序而生，樂音強弱變化，表現「文武倫經」——自然界生殺盛衰的規律。自然的律呂，清濁揚抑，樂聲流動，盈滿於天地。樂曲以雷霆之聲，蟄蟲奮動形容新年來到，春雷一聲響，萬物復甦、萌生的情狀。

第二部曲寫至樂之聲調和陰陽，與日月齊明。樂聲的長短、剛柔，變化多端，但是變化中有規律，而且不限於固定的格式（「變化齊一，不主故常」），這樂聲無所不在，山丘窪地隨處飄揚（所謂「在谷滿谷，在坑滿坑」），聲調悠揚，節奏明朗（「其聲揮綽，其名高明」）。

第三部曲寫樂曲的奔流不懈，並以自然的節奏來調和。其聲調有如萬物之混雜相逐，叢聚並生，如五音繁會、眾樂齊奏，而難以分辨音聲之所從出（「混逐叢生，林樂而無形」）；樂聲振揚奔放，意境幽深而不可聞（「布揮而不曳，幽昏而無聲」）；樂曲旋律的變化流行不定，不拘於老調（「行流散徙，不主常聲」）。

這一大段「天樂」的描寫的確極富詩意，其語言風格之芒芴恣肆與精神風貌之「四達並流」相適應，所謂「萬物循生」，「流光其聲」、「動於無方」、「流於無止」，乃是借著樂曲旋律的多端變化，用以形容萬物奔騰活躍的動態；所謂「所常無窮」、「不主故常」，乃是借著樂風的散漫流行寫出天地間萬事萬物的推陳出新。換言之，宇宙的大化流行有如一首壯麗的交響曲，此之為天樂。

「無言而心說，此之謂天樂」，即是對「天地有大美而不言」的賞悅。〈大宗師〉所論述的人與天合是從哲學境界以言天人合一，此處所言人與天和（〈天道〉：「與天和者，謂之天樂。」）乃是從音樂美學的角度來觀照天地之大美，這是一種藝術精神所達到的天人相和之境。

天和與心和

「天和」作為一個名詞來使用，見於〈知北遊〉，而與〈天道〉、〈天運〉有著不同的意義。〈知北遊〉：「若正汝形，一汝視，天和將至；攝汝知，一汝度，神將來舍。德將為汝美，道將為汝居……如新生之犢。」「天和將至」、「神將來舍」便是「心和」的表現（這裡所說的天和，成玄英《莊子疏》「自然合理」恐不合原義，林希逸說「天和者元氣也」，較為恰切）。

正形一視，思慮專一，精神匯聚，自然的元氣（「天和」）就會凝聚內心，生命就會散發出力與美——表現出如新生之犢的活潑的生命力與和諧之美。

〈知北遊〉一段寫心和以凝聚天和，〈則陽〉有一段則以人和與心和相提並舉：「其於人也，樂物之通而保己焉；故或不言而飲人以和，與人並立而使人化。」「樂物之通」是通向人和，而心靈的和諧是人和的依據，而人和是以心和為基礎，所謂「飲人以和」乃是由心和而增進人和。

心和之境

莊子整個哲學體系，如果我們用他提出的內聖外王之學作為中國人生哲學的特點，則內聖之學確是莊子的精華所在，心學是莊子內聖之學的核心，而心和則是莊子心學的結晶。「心齋」（〈人間世〉）、「以明」（〈齊物論〉）、「坐忘」（〈大宗師〉）是莊子心學的最高境界，也是心和最完滿的描寫。「以明」對立的另一端則是「蓬心」（〈逍遙遊〉）、「成心」（〈齊物論〉），用現代術語來說，前者是形容開放心靈，後者意指封閉的心靈。封閉的心靈不僅如學鳩般地小知小見、井底之蛙的難以窺天，而且容易形成自我中心而導致武斷排他的心態（〈齊物論〉：「以是其所非而非其所是。」）。「以明」不僅是能多角度地觀察事物（「反復相明」），而且代表著心靈的空靈明覺，實際上「以明」和「心齋」、「坐忘」一樣，都是對於心靈修養、修煉所達到的最高境界地描寫，只是「以明」是從認識論的角度出發，「心齋」是從修養論的角度出發，而「坐忘」是從人生境界的角度出發而已。

以此可見，從精神境界的提升來看，三和之中，以「心和」最為重要。

四　再提莊子和諧觀的兩個特點

莊子之三和，實乃寬大心胸（comprehensive mind）所產生的「廣大的和諧」，誠如方師東美先生在《中國人生哲學》一書中所說的，中國人文精神觀照宇宙，乃覺宇宙盎然有生意，「人類生命和宇宙生命相互貫通融合」，「人與自然在精神上同享生命無窮的喜悅與美妙」。

統觀莊子的和諧觀，還有兩個饒有意趣的特點，其一是和諧之美，其二是和諧中存差異，茲分別簡說如下：

和諧之美

莊子將和諧賦予審美的內涵，「心齋」的集氣或藝術創作時的「齊以靜心」（「梓慶削木為鐻」的故事，見〈達生〉篇），乃是一種高度的藝術心靈涵養所達致的藝術境界。「心和」的境界莊子稱之為「靈府」，這種心境觀照外物時，覺得宇宙蘊含著無限之美，觸目所見皆春色；回顧自身時，覺心靈甜美自得，充滿怡悅之情。（〈德充符〉：「……靈府，使之和豫通而不失於兌，……而與物為春。」）莊子的「心和」是一種藝術的心境，也是一種審美的境界，這種心境與境界莊子稱之為「遊心」。〈德充符〉云「遊心乎德之和」，即是心靈遊放於人生和諧之美的境界。「遊」是審美的心理活動，莊子說得好：「得至美而遊乎至樂。」（〈田子方〉）誠然，宇宙涵藏著無盡之美，如果一個人的藝術精神浸潤於心靈深處，則聘目於這多彩世界之時，就會如蘇東坡所說的「無所往而不樂」（〈超然臺記〉）。

和諧中存差異

赫拉克利特曾說：「美在於和諧，和諧在於對立的統一。」這在莊子，有著更為生動而深刻的表述。我們常說求同存異，在哲學領域裡這涉及到共相與殊相的問題，

《莊子．則陽》說「萬物殊理，道者為公」，道為大全屬共相，萬物之個體生命屬殊相，共相與殊相密不可分，萬有涵攝於道，道因萬物各逞其能而展現其異彩，這哲理落實到社會層面則為重視社會價值的多元化，落實到政治層面則為尊重個體的尊嚴和殊異才能。莊子「齊物」的精神就是平等對待各物，肯定每個存在體都有它各自的特殊內容和意義。「十日並出」，「萬竅怒號」（〈齊物論〉），便是形象化地描繪開放社會中開放心靈的景象。

東西兩大哲學家莊子和尼采在打破自我中心的論題上可謂互放異彩。今天的世界已不再是「天無二日」的時代，西方中心論的衰落，世界已呈現多元價值體系的格局。「十日並出」、「吹萬不同」（〈齊物論〉），我們願與世人共賞莊子這多彩多樣的和諧觀。

本文為一九九六年參加韓國《東亞日報》舉辦「東洋思想與社會發展」國際學術會議而作。刊於《道家文化研究》第十五輯，北京：三聯書店，一九九九年三月。

先秦道家之禮觀

禮是先秦諸子最重要的議題之一。它不僅是今人指稱為儀禮的部分，更廣泛地概括了當時宗法封建社會的典章制度與道德規範。[1] 本文所關注的是制度背後所蘊涵的思想觀念和價值體系。

春秋戰國之交，禮崩樂壞，諸子百家蜂起並出，紛紛針對時弊提出救世之方，「禮」的議題就成了諸子百家最主要的時代課題。後代學者都以儒道兩家代表對周代禮制文化正反兩極的立場，個人也曾抱持如此看法。但若對這問題加以進一步的思索，就會發現僅從肯定與否定兩個對極的觀點去看儒道的文化觀，是過於簡單化且失之籠統。先秦道家就有老、莊及黃老三大派別，莊子學派對儒家的禮觀，確實有較鮮明的對立，但與孔子同時代的老子則非如此對立，至於戰國黃老，它的融合性格則十分明顯。總之，道家在不同時期有不同的發展，主「時變」乃是道家的一大特長，[2] 因此先秦道家各派對於禮制問題的思考，並非一成不變，由老子、莊子至稷下黃老，形成了一條逐漸開闊的線索。本文將就老子、莊子與稷下道家有關禮的概念進行探討。

一　老子之禮觀

作為史官的老子，通曉禮，是史官的專職。孔子問禮於老子，不僅《史記》有明

1 先秦典籍論及「禮」頗多，如：一、《禮記・仲尼燕居》：「制度在禮。」孫希旦，《禮記集解》（臺北：文史哲出版社，一九八八年），頁一一六五。二、《左傳》隱公十一年：「禮，經國家，定社稷，序民人。」見楊伯峻，《春秋左傳注》（臺北：源流出版社，一九八二年），頁七七。三、《禮記・曲禮》：「禮不下庶人。」出處同一，頁七四。四、《荀子・禮論》：「禮者……貴賤有等，長幼有差，貧富輕重皆有稱者也。」梁啟雄，《荀子簡釋》（臺北：臺灣商務印書館，一九六七年），頁一七六。本文凡引《禮記》、《左傳》、《荀子》，出版資料均與上同，不再另行註明。

2 司馬談〈論六家要旨〉一再肯定道家主「時變」的特點，例如讚揚道家「與時遷移，應物變化」、「因時為業」、「時變是守」。司馬遷，《史記》卷一三〇〈太史公自序〉（臺北：洪氏出版社，一九七四年），頁三二八九、三二九二。

確記載，先秦典籍中亦多所記載，[3]《禮記．曾子問》的記述尤為具體，〈曾子問〉中有四處清楚地記載了孔子向老聃請教如何處理喪禮的內容。[4]《老子》書言及禮有兩章，即通行本〈三十一章〉及〈三十八章〉。〈曾子問〉記載孔子向老聃請教有關禮的儀節問題，但從《老子》書上看來，老子[5]所關心並不是儀節，而是作為政治秩序的禮。

《老子》談到禮的地方並不多，卻有其特殊的哲學意涵，並反映著深刻的時代意義。〈三十一章〉中提到喪禮，但所談的並不是喪禮的儀節，而是借喪禮表達對戰爭為人類帶來慘烈災難時流露內心戒懼審慎的哀戚心情。[6]另外在〈三十八章〉談到禮，是將禮和仁義與道德並舉列論，前者借禮表現老子對時代悲劇的悲憫之情及深厚的人道關懷；後者論禮，則表達老子試圖貫通形上之道與形下之禮義，以求其無為而治的治道理想正常運作於現實社會中。

由於〈三十八章〉將仁義並舉而論禮，論者又常以老子的仁義觀來看待他的禮觀，[7]因而老子有關仁義或仁義禮並提的言論，就特別地受到人們的關注。而仁義有時被涵蘊在禮的範疇內，兩者有密切的聯繫，所以我們討論老子的禮觀，不免要概括他的仁義觀。

《老子》的仁義觀

從通行本《老子》來看，老子對「仁」的觀念顯得相當矛盾：一方面它主張「與善仁」（〈八章〉）——強調人與人間的相互交接要重視「仁」；另一方面卻又出現「絕仁棄義」（〈十九章〉）的說詞。這一矛盾向來困惑著老學的學者，直到一九九三年湖北郭店戰國楚墓竹簡《老子》的問世，才使得我們恍然開朗，原來通行

---

3 《莊子》書中〈天地〉、〈天道〉、〈天運〉、〈田子方〉、〈知北遊〉等篇，記述孔子與老子談論仁、義、禮及至道等問題；《呂氏春秋・當染》謂「孔子學於老聃」。本文凡引用《莊子》皆據郭慶藩，《莊子集釋》（臺北：華正書局，一九九一年）；上引《呂氏春秋》則見陳奇猷，《呂氏春秋校釋》（臺北：華正書局，一九九一年），頁九六。

4 分見孫希旦，《禮記集解》，頁四七七、四九六、四九七、四九九。

5 《老子》一書為老子（老聃）所自著，個人同意司馬遷《史記・老子列傳》中的這一觀點。我們可以從先秦典籍中得到印證，如《莊子》、《荀子》及《呂氏春秋》等。拙著《老子今註今譯及評介》（臺北：臺灣商務印書館，一九九七年），二次修訂版序文中亦提到這個問題。以下凡引《老子》，除另行說明外，皆據此本。

6 《老子》三十一章：「殺人之眾，以哀悲泣之。戰勝，以喪禮處之。」見拙著《老子今註今譯及評介》，頁一七三。

7 一般學者常根據通行本《老子》「絕仁棄義」的言辭而推斷老子反禮。這種粗淺的看法，由於湖北郭店竹簡《老子》的出土，更有重新認識的必要。

本「絕仁棄義，民復孝慈」，郭店簡本卻是「絕偽棄詐，民復孝慈」。

郭店簡文《老子》摘抄本，[8]雖然章次不同，但內容基本一致。由於簡本《老子》出土年代比馬王堆《老子》早出一百年，這一當今世界最早的古本《老子》，無疑較接近祖本的原貌。因此，它的每一個字句，無論和今本相同或相異，都引起研究者的關注，特別是後者，而簡文中「絕偽棄詐」被後人妄改為「絕仁棄義」尤引人矚目。

長期以來「絕仁棄義」之說，扭曲了《老子》「與善仁」的主張，以致使老學失去了廣大的倫理空間。[9]如今郭店這批珍貴文獻的出土，為老學開拓了寬闊的倫理空間，使我們有必要以正面的態度，來重新思考老子的禮觀及其仁義的觀點。

《老子》另一章對仁義的觀點，也因被後人增添不當的文句而誤導了原意，通行本〈十八章〉「大道廢，有仁義；智慧出，有大偽；六親不和，有孝慈；國家昏亂，有忠臣」，對照郭店簡本，才得知通行本衍出了「智慧出，有大偽」句。衍出的文句，使得學者們在解讀時容易錯將「大偽」和「仁義」對等的看待，從而引出老子對仁義採取貶抑的解釋。事實上，我們從後半文來考察，所謂「六親不和，有孝慈；國家昏亂，有忠臣」，這是說在家庭不和、國家失序的狀況下，「孝慈」和「忠臣」

實難能可貴。如果我們刪除後人妄添的「智慧出，有大偽」這一句話，從整章的結構來看，可以看出「大道」是寄寓了老子理想中最完美的狀況，在一個大道流行的自然狀態中，仁義本就蘊含在大道裡，正如孝慈蘊含在六親和睦、忠臣蘊含在國家安泰的情境中，但如果這個和諧的狀態發生變化，以致六親不和、國家昏亂，那麼孝慈和忠臣反顯得特出而難能可貴了。而所謂「大道廢，有仁義」，它正面的意思是在原本的狀態中，仁是以一種和諧方式自然地融合在大道之中，如魚之「相忘於江湖」[10]，因

8 郭店《老子》摘抄本，由於抄寫在長短和形制不同的三種竹簡上，整理者將它們分成甲、乙、丙三組。我們認為甲組抄寫的傳本比丙組要古早，而丙組的傳本要早於馬王堆帛書本，請參看拙文〈從郭店簡本看《老子》尚仁及守中思想〉，刊在陳鼓應主編，《道家文化研究》第十七輯（北京：三聯書店，一九九七年），頁六四至八〇。

9 通行本〈十九章〉「絕聖棄智，民利百倍」、「絕仁棄義，民復孝慈」；郭店簡文則是「絕智棄辯，民利百倍」、「絕偽棄詐，民復孝慈」。「絕聖棄智」見於《莊子》的〈胠篋〉和〈在宥〉，〈胠篋〉並出現「攘棄仁義」之詞，因此我們認為郭店簡文「絕智棄辯」、「絕偽棄詐」被改成「絕聖棄智」、「絕仁棄義」，或許跟莊子後學〈胠篋〉一派思想有關。

10 《老子．十八章》王弼注云：「若六親自和、國家自治，則孝慈、忠臣不知其所在矣。魚相忘於江湖之道，則相濡之德生也。」見《四部備要》本（北京：中華書局，一九三四年），頁一〇。「相忘於江湖」，語出《莊子．大宗師》，見郭慶藩，《莊子集釋》，頁二四二。

此無須將仁義、孝慈的倫理關係予以外化而特別加以彰顯。反之，只有在理想狀態失衡、社會秩序喪失了維繫倫理的功能，以致六親失和的狀態下，孝慈和仁義等德性才會如雪中送炭般顯得特別珍貴。總之，自郭店本來看〈十八章〉、〈十九章〉，老子不僅沒有排斥仁義、孝慈的意思，反而是對仁義、孝慈在社會化的人際關係中採取肯定的態度。

仁義禮與道德的因依相生關係

老子的形上之道向下落實到社會現實的分化過程中，有著層次之分，而這層次之分主要在於現象的陳述，其中似乎也蘊含著價值的層序。但一般學者在討論道的分化層次時，對道德與仁義禮之間的關係，卻過分誇張了《老子》價值上肯定前者和否定後者的兩極觀點，而忽略了它們整體的連鎖關係。通行本〈三十八章〉也是引起廣泛誤讀的一章。

在老子的哲學體系中，以「德」貫通形上及形下，使之成為不可分割的整體。形上之道如何與人間發生關聯，「德」便成了形上之道向人文化發展的重要橋樑，而「道」與「德」的人文化，仁義禮便成了維繫人際關係不可或缺的倫理功能。

〈三十八章〉之所以被後人舉為德經之首章，實含有視老學為經世之學的立意。

〈三十八章〉有兩層重要的意義，一是在於描繪道家行仁為義要合乎人性之自然，如「鳥行而無彰」[11]，不必大事喧嘩，如「擊鼓而求亡子」[12]；其次是作為世界本原的「道」蘊含著一切生機，「仁」、「義」、「禮」皆共同地根源於孕育它們的母體「道」之中，意即道德與仁義禮之間具有一種連鎖的關係。一旦根源的母體發生失離的情況，就會產生環環相扣的連鎖反應，此即所謂「失道而後失德，失德而後失仁，失仁而後失義，失義而後失禮」[13]。

大道是老子理想中最完美的狀態，在這最美好的情況中，仁、義、禮都蘊含於大道之中，如「明珠在蚌中」[14]，但在道落實於現實的過程中必然呈現出一種層次之

11 《莊子・天地》，見郭慶藩，《莊子集釋》，頁四二一。
12 同前註，頁四七九。
13 《韓非子・解老》，見陳奇猷，《韓非子集釋》（臺北：漢京文化公司，一九八三年），頁三三一。本文凡引《韓非子》皆據此本。案，王弼本、河上本均脫四「失」字，作「失道而後德，失德而後仁，失仁而後義，失義而後禮」，兩相對比，〈解老〉文義較為完足。
14 《老子・第一章》〈河上公〉注文。見〈老子河上公注〉，《老子四種》（臺北：大安出版社，一九九九年），頁二。

分，即所謂「道—德—仁—義—禮」，這過程意味著「道」的人文化透過「德」內化到每一個個體事物中，成為每一個個體的本質、特性，「德」進一步社會化就繫之於仁義禮，以此在人間社會中，仁義禮的人倫作用就顯得非常重要了。

《老子》的道德與仁、義、禮的關係，如果依據《韓非子．解老》的文本，那麼就可從正反兩面來進行詮釋，而不至於像一般依據通行本作單向負面意義解釋。韓非在〈解老〉中，對道、德、仁、義、禮五者關係，有著這樣全面的理解：

> 道有積而德有功，德者道之功。功有實而實有光，仁者德之光。光有澤而澤有事，義者仁之事也。事有禮而禮有文，禮者義之文也。故曰：「失道而後失德，失德而後失仁，失仁而後失義，失義而後失禮。」

這裡是說道為德之本，德為仁之本，仁為義之本，義為禮之本。本失則相隨以失，五者為相因相依的關係。我們將通行本《老子》（包括帛書本）和《韓非子．解老》所依據的文本相對照，通行本缺四個「失」字，在解釋上就出現了明顯的差異，前者使道、德、仁、義、禮五者成了價值等級的排列，而且是褒前貶後的層層對比的價值序級。但依《韓非子・解老》的文本，則著重在說明道、德、仁、義、禮彼此間不可缺失的因依相生關係。

禮的忠信內涵

老子道德的理想落實到人際關係中，仁、義、禮成為重要的紐帶。這三者，一般多視仁、義為內在規範，禮為外在規範，這看法可溯源於王弼，王弼以禮為「外飾」的解釋，[15]不如《韓非・解老》周全。韓非認為禮的外飾是為了表達內心的實情——「禮者，外飾之所以諭內也」[16]。在禮的外飾與諭內的層次中，更重視的是在於表達內心的實情（即所謂「諭內」），這種解釋較合《老子》的原義。韓非又精闢地解說，「禮以貌情」[17]、「為禮者，事通人之樸心者也」[18]，這都是對《老子》文本比較

15 王弼以為「仁義發於內」，而以禮為「外飾」，見《老子・三十八章》。王弼注，中華書局《四部備要》本，頁一一。
16 陳奇猷，《韓非子集釋》，頁三三五。
17 同前註。「貌情」即表達情，「貌」是體現、表達的意思。
18 陳奇猷，《韓非子集釋》，頁三三一。

深切的解釋。

禮有情質與貌飾之分，《老子．三十八章》所謂「去彼取此」，老子的取捨態度是非常分明的，他肯定禮之「厚」、「實」的內在情質，而揚棄「薄」、「華」的外在貌飾。

禮的情質往往需要透過一定的儀節文飾加以具現，由是而形成外在的規範。外在規範的演化，難以避免地造成繁瑣化，禮的繁瑣化則易流於失真，並且容易反轉過來形成牽制人心的工具，這就是《老子．三十八章》所指出的「攘臂而扔之」的情況。

在老子想法中，最好的狀態是仁、義、禮都蘊含在大道中，不用特意去標舉，也不用將道德行為外化出來。老子之所以正言若反地發話，乃基於人倫道德之日漸淪喪，「攘臂而扔之」在老子時代已是相當普遍的現象，這種現象反映的是在那禮崩樂壞的年代，禮失去了內在的情質，外化不僅流為形式，而且華而不實地相率以偽，同時演變為強民就範的工具，〈三十八章〉所謂「夫禮者，忠信之薄，而亂之首」並非對禮的否定，而是對那時代的動亂發出沉痛的呼喚，反映在周文疲蔽的歷史背景下，如何來重建社會人倫，這是對一個時代的重大課題進行地深刻反省。

老子不僅對周文疲蔽的時代大課題加以深刻地反省，並提出建立一個禮的實際內質，那就是強調禮的忠信內涵，認為如果忠信不足，那就要導致社會的禍亂。這樣，將原本作為制度的禮，轉化為以價值為依歸的道德範疇。

總之，老子之禮觀有著兩方面重大的影響：一方面老子突出「忠信」德性為禮的重要內涵，與同時代的孔子同步地深化了禮向道德範疇的轉化，在中國倫理學史上具有開創之功；[19]另一方面則是在對禮的人文轉化過程中，老子非常重視禮的內在情質，這一點特別為莊子所大事發揮。

19 禮的內涵有這樣一個轉化的過程：禮原本源於神的祭祀，許慎《說文解字》認為：「禮，履也，所以事神致福也。」殷周之際由「事神致福」的禮，經過春秋時代逐漸地人文化，禮由事神祭祖而形成為以人為中心的思想，這在老、孔的言論中均有明顯的呈現。在孔子的觀念中，雖已見到將禮朝向人文化轉變的趨向，但在對祭祀所表現的態度上，仍留有些許宗教觀念的殘餘，如曰「祭神如神在」、「敬鬼神而遠之」，而老子則將禮完全給予人文的轉化。本條注釋所引，見段玉裁注，《說文解字》（臺北：黎明文化公司，一九八八年），頁二；引《論語》分見〈八佾〉與〈雍也〉，朱熹，《四書章句集注》（臺北：長安出版社，一九九〇年），頁六四、八九。

二　莊子之禮觀

前文論及老子並不反禮，他所反對的乃是禮在外化的過程中演變成強民就範的工具。老子不但不反對禮，反而更將禮的內涵加以深化，賦予禮以形上學的基礎，同時導引禮朝向人文化的方向發展，並以忠信充實禮的內涵。雖然如此，但「禮」和「道」畢竟屬於不同的層次，也各有著不同的精神內涵。

道家崇道，儒家隆禮，這是兩家的主要分野所在。老子雖肯定禮的情質，但就禮和道而言，二者在基本精神上畢竟有著顯著的不同。禮的作用主要在於序上下、別貴賤，表現出重視「分」與「異」的基本精神；而道所體現的則是整全。作為萬物本原的道，是創造一切生機的母體，莊子不僅賦予道生生不息的宇宙生命，同時也賦予它以自由性及無限性的特點。〈大宗師〉「坐忘」一節所說的「同於大通」、「化則無常」，[20]點出了道的大化流行及其大通之境。同時再由其齊物觀來看，禮和道的分別就更加明顯。

道家之道必須落實到人間社會，而莊子之道的人間性則更進一步落實到人心，由對人心、人性、人情的發揚來體現一種不為形跡所拘的生活態度。莊子之禮觀在這一點上與儒家禮制重視「別」之精神所導致異化、外化的情況適成鮮明的對比。

內篇的禮觀：安然自適之忘境

「禮意」——真情實感之流露

《莊子．大宗師》有兩則寓言，表達了莊周式的特殊禮觀。

〈大宗師〉的一則寓言，借子桑戶的喪禮表達莊子以性情之真來作為禮之真實內涵所反映的哲學意境。

這寓言寫子桑戶逝世，孔子聽到死訊，叫子貢去助理喪事。子貢看見死者的兩位莫逆之交編唱挽曲的景象：

> 或編曲，或鼓琴，相和而歌曰：「嗟來桑戶乎！嗟來桑戶乎！而已反其真，而我猶為人猗！」子貢趨而進曰：「敢問臨尸而歌，禮乎？」二人相視而笑曰：「是惡

20 郭慶藩，《莊子集釋》，頁二八四至二八五。

知禮意！」[21]

這情景及其對話透露了儒道兩家對待禮儀的不同態度。在莊子眼中，儒家講究的是一種外化的儀節，而道家所著意的是禮的內質以及人的真情之流露。莊子更借著孔子之口說：「彼，游方之外者也；而丘，游方之內者也。」[22]這是說道家超脫禮教之外，儒家則受禮教束縛。

為什麼莊子式的道家要「游方之外」？人間社會有許多條條框框，而且有過多的條條框框，禮儀規範有時可以起人文教化的作用，有時則成桎梏人心的樊籬，而儒家所營造的觀念囚牢導致狹隘的人生觀，尤為莊子所不取。

「而（爾）已反其真」，莊子借「反真」之說以展示他那獨特的生死觀：在莊子的觀念裡，死亡在本質上所代表的意義在於「返真」——回歸宇宙之真際。莊子把生命看成是氣的凝結以至於消散的一個過程，世間存在的萬象乃是「假於異物，託於同體」[23]，整個宇宙是一氣之大化流行於不同側面所顯現的總集合，現象萬物中的一切存在都是氣之聚散流行所表現的一個過程。可知莊子對喪禮的看法其實奠基於他的人生觀，同時他的人生觀又是納入其氣化論的宇宙觀來加以考察，進而莊子提出「游乎天地之一氣」[24]、「安排而去化」[25]的生命態度。

「化」是莊子宇宙觀一個基本概念，「遊」是莊子人生觀的一個至高意境的寫照。在莊子看來，宇宙是個生生不息的大生命，人從宇宙大生命中偶生，而終究要回歸到這存在的母體裡，因而視生死為大化流行所展現的過程。人在面對無可避免的死亡，當培養一種「安時而處順」[26]、「安排而去化」的態度。不僅如此，在莊子的思想裡，還要進一步培養達生樂死的心懷。於此，他提出了極富哲理性的名言：「善吾生者，乃所以善吾死也。」[27]如何以我生為樂事（即所謂「善吾生」），這是莊子哲學之第一要事。

「遊」則是莊子人生哲學最獨特而最具有代表性的觀念。所謂「遊」乃是個體生

21 郭慶藩，《莊子集釋》，頁二六六、二六七。
22 同前註，頁二六七。
23 同前註，頁二六八。
24 同前註。
25 同前註，頁二七五。「安排而去化」意即安於自然的安排而隨行變化。
26 同前註，頁二六〇；另見〈養生主〉，頁一二八。
27 「善吾生者，乃所以善吾死也」兩見於《莊子・大宗師》。同前註，頁二四二、二六二。

命自得自適的意境；「遊」不僅是主體精神在困頓中獲致自由的展現，也是主體心靈在觀照萬物中含蘊美感情懷的流露。在張揚個體生命自得自適的前提下，不僅面對喪禮，舉凡一切禮儀規範，如果異化到乖違人情、背逆人性的地步，都為莊子所揚棄。

莊子在〈大宗師〉裡借前引子桑戶喪禮的寓言反問儒家：「是惡知禮意！」這是一段十分重要的對話。在這段對話裡，一方面透露出莊子並不真正反對禮的本身，他著意的是禮的真實內涵——「禮意」。另方面表現出莊子不滿於對儒家「憒憒然為世俗之禮，以觀眾人之耳目」[28]，這現象積弊已深，因此成為莊子學派抨擊的重點。

「忘禮樂」——安然自適的意境

〈大宗師〉肯定禮的真意，見朋友安息而歌其返真，編曲鼓琴，相和輓歌，其實正流露了弔喪者內心的真情實感。[29]如果說子桑戶的寓言在於表達莊子把握禮的真實內涵而流露行禮者的真情實感，那麼〈大宗師〉的另外一則寓言——顏回「坐忘」，則顯示了莊子表達行禮作樂時內心達於安然自適的意境。

「顏回坐忘」的寓言，在於敘述顏回修養身心的階段透過「忘禮樂」、「忘仁義」、「離形去知」的過程，最後至於「同於大通」[30]，這是描述個體生命通向宇宙生命而與之相融合一的精神境界。「忘」是一種自適自得的境界，所謂「忘禮樂」即是行禮作樂達於安適之至的境界，所謂「忘仁義」即是實行仁義達於自得自在安適之至的境界。

「坐忘」一節，所謂「忘禮樂」、「忘仁義」，以往我們的解釋都將「忘」依字面釋為「忘掉」，實際上「忘」乃是一種安適心境的描述，這在〈達生〉有著很好的解釋：「忘足，履之適也，忘要（腰），帶之適也，忘是非，心之適也。」[31]〈達生〉這裡談到心靈之安適（「心之適」）和處境之安適（「事會之適」），進而說到一個人要是本性常適而無往不安適，便達到「忘適之適」的境界。[32]因此，「忘禮樂」、「忘仁義」其深層意義則是意謂行禮作樂、行仁為義之安然投入而達於適然忘

28 郭慶藩，《莊子集釋》，頁二六八。

29 「真情實感」是馮友蘭用來形容孔子之仁的主要基礎，見馮氏著《中國哲學史新編》（北京：人民出版社，一九八二年），頁一二九至一三五。

30 郭慶藩，《莊子集釋》，頁二八二至二八四。

31 同前註，頁六六二。「忘要」之「要」作「腰」解，今本於「忘是非」之上多一「知」字，是為衍文，參見拙著《莊子今註今譯》（北京：中華書局，一九八三年），頁四九三。

32 同前註。

境。這種適然忘境的論述在《莊子》外篇有所延續，[33]例如〈天運〉有一則言及仁孝行為達於忘境的記述。

〈天運〉記述商太宰問仁於莊子，莊子說「至仁無親」；問及「孝」，莊子回說：「以敬孝易，以愛孝難；以愛孝易，以忘親難；忘親易，使親忘我難；使親忘我易，兼忘天下難。」[34]這段話就是說：用敬來行孝容易，用愛來行孝難；用愛來行孝容易，使父母安適則難；使父母安適容易，讓父母不牽掛我難；讓父母不牽掛我容易，使天下安適難。這種行止忘境的描述，亦見於〈山木〉。

〈山木〉描述有個理想國，名為「建德之國」，那裡的人民真誠而樸質，「知作而不知藏，與而不求其報；不知義之所適，不知禮之所將；倡狂妄行，乃蹈大方。」[35]這則寓言說那國度裡的人民，活著時以「其生可樂」，從心所欲，適意而行。所謂「不知義之所適，不知禮之所將」，這也就是形容人們舉手投足皆合於禮義之意。

外、雜篇之禮觀：任其性命之情

前文介紹〈大宗師〉子桑戶喪禮一節，表述道家人物有自己獨特的生死觀，不屑於「憒憒然為世俗之禮」，這觀點在外、雜篇有盡情的發揮，〈漁父〉強調「貴真」說，尤與〈大宗師〉相合。〈漁父〉云：

真者，精誠之至也。不精不誠，不能動人。故強哭者雖悲不哀，強怒者雖嚴不威，強親者雖笑不和。真悲無聲而哀，真怒未發而威，真親未笑而和。真在內者，神動於外，是所以貴真也。[36]

事親以適為主，功成之美，無一其跡也。事親之適，不論所以矣；飲酒之樂，不選其具也；處喪以哀，無問其禮矣。禮者，世俗之所為也；真者，所以受於天也，自然不可易也。故聖人法天貴真，不拘於俗。[37]

---

33 世傳《莊子》本，分為內、外、雜三十三篇，為莊子學派文集之總匯。傳統上，學者多以為內七篇為代表莊周本人的思想，而外、雜篇多屬莊子後學的作品。但個人以為，在外、雜篇中也有若干段落成書較早，有可能是莊子本人不完整的手稿，或其弟子親聞莊周口述的筆記。

34 郭慶藩，《莊子集釋》，頁四九八至四九九。

35 同前註，頁六七一至六七二。

36 同前註，頁一〇三二。

37 同前註。

〈漁父〉這兩段話明白易曉而文意豐美，其要點則在表達莊子學派與儒者對禮的不同態度——「拘於俗」與「貴真」誠然是儒道兩家對禮的兩種迴然不同的態度。〈漁父〉指出儒家「不知貴真，祿祿（碌碌）而受變於俗」[38]。這類批評貫穿整個莊子學派，而以外篇〈駢拇〉、〈胠篋〉和雜篇〈盜跖〉最為激烈。

一般學者提到莊子的禮觀，多以偏概全，根據外雜篇少數篇章摘取最激烈的言辭，從而跳躍性的概括整個莊子學派的觀點，並得出莊子學派對仁義禮樂悉取否定的立場。事實上，我們一方面常忽略莊子及其後學對仁、義、禮的正面肯定，另方面也忽略了莊子後學即使在最激烈派的批評聲中，實含有許多深刻而正面的意涵。

莊子後學對禮文發出不少強烈的批判，這反映了戰國晚期禮崩樂壞的情況日愈嚴重，而部分儒者推行「世俗之禮」，外化而至異化的情況越來越突出，即連荀子也對儒家陣容中的「俗儒」、「賤儒」發出強烈的指責[39]，可見莊子後學的激烈言辭，並非無的放矢。反之，我們可以從其中看出多重意義。茲舉要申說如下：

反映了戰國中晚期社會文化的一個顯相

戰國儒者維護禮制，固然可以產生穩定社會的作用，但其弊端也與時偕行。戰國中晚期莊子學派所指陳的普見的文化現象有這幾端：

①「禮相偽」　莊子後學曾多次為禮下界說，如謂禮是節度而繁多的[40]；又如說，行為忠信、寬容仁愛而且合乎自然的節度，這就是禮[41]。這些是屬於客觀的敘說，但更多的是對「禮相偽」現象的指責。[42]如抨擊儒者「縫衣淺帶，矯言偽行」[43]；好文飾，從事華辭，使民「離實學偽」等，[44]這些批評主要是因著儒者提倡禮文過於注重儀節技巧，華而不實，由形式化而流於虛偽。

「禮相偽」的情況在戰國時代已成為相當普遍的現象，這現象可謂歷久不衰，這導致眾所周知魏晉名士的放達，「觸情而行」、「越名教而任自然」[45]，成為一個時

38　郭慶藩，《莊子集釋》，頁一〇三二。
39　荀子稱舉「大儒」、「雅儒」（〈儒效〉），但強烈批判現實社會出現的形形色色的儒者，稱他們為「散儒」（〈勸學〉）、「腐儒」（〈非相〉）、「賤儒」、「俗儒」（〈儒效〉）。
40　《莊子．在宥》：「節而不可積者，禮也。」郭慶藩，《莊子集釋》，頁三九八。
41　《莊子．繕性》：「信行容體而順乎文，禮也。」同前註，頁五四八。
42　《莊子．知北遊》，同前註，頁七三一。
43　《莊子．盜跖》，同前註，頁九九六。
44　《莊子．列禦寇》，同前註，頁一〇五〇。
45　嵇康，〈釋私論〉，見《嵇中散集》，《四部叢刊》正編（臺北：臺灣商務印書館，一九七九年），頁二九至三〇。

代心靈渴求去偽存真的響亮呼聲。

②「明禮義而陋知人心」　儒家倡導禮義，對社會起著重大的教化作用，但將人的視聽言動都納入禮的規範則失之泛化，[46]易演變成箝制人心的「禮教」[47]，因而莊子後學一再抨擊儒家道德「攖人之心」[48]、「潛然乃憒吾心」[49]，並一語中的地指出儒家「明乎禮義而陋知人心」[50]。

③「儒以詩書發冢」〈外物〉有一則寓言「儒以詩書發冢」[51]，生動地描繪儒生口吟詩禮來進行掘墓盜珠。這則寓言極盡譏諷之能事，不過也反映了禮義道德成為工具化的各種形形色色的現象。

儒生誦詩禮以發冢，田恆則資仁義以竊齊。〈胠篋〉明快地揭露禮義法度被上層人士「盜積」、「盜守」的景象。「彼竊鉤者誅，竊國者為諸侯，諸侯之門而仁義存焉。」[52]這話成千古名言，當今之世是在所謂「自由」、「法治」口號的文飾下，更文明地運用仁義道德、聖智禮法而為一己謀私、為一黨圖利；禮法之被工具化，如今更是觸目可見。

人性深刻的反省

《莊子》外雜篇行文風格明快直率，意蘊雖不如內篇之委婉深邃，但保存大量有闕失其真性的禮向著與人性相違逆的工具化轉變的紀錄。莊子後學在此一背景下考察禮制文化對人性異化的狀況，為我們提供了十分可貴的思想材料。

外篇〈駢拇〉、〈馬蹄〉、〈胠篋〉及〈在宥〉四篇被當代學者視為思想風格相近的一組作品，以〈駢拇〉為代表，主旨在於闡揚人的道德行為當合於人性自然，順乎人情之常。又從反面入手，指陳儒者「屈折禮樂，呴俞仁義」[53]，導致「擢德塞性」[54]、「殘生傷性」[55]。

---

46 《論語・顏淵》：「克己復禮為仁……非禮勿視，非禮勿聽，非禮勿言，非禮勿動。」參朱熹，《四書章句集注》，頁一三二。
47 「禮教」一詞，首見於《莊子・徐无鬼》，郭慶藩，《莊子集釋》，頁八三四。
48 《莊子・在宥》，同前註，頁三七三。
49 《莊子・天運》，郭慶藩，《莊子集釋》，頁五二三，「憒」字今本作「憤」，蓋形近而誤，見郭慶藩，《莊子集釋》，頁五二三；陳鼓應，《莊子今註今譯》，頁三八四。
50 《莊子・田子方》中「明乎禮義而陋知人心」凡兩見，郭慶藩，《莊子集釋》，頁七〇四、七〇五。
51 郭慶藩，《莊子集釋》，頁九二七。
52 同前註，頁三五〇。
53 同前註，頁三二一。
54 同前註，頁三一四。
55 同前註，頁三二三。

〈馬蹄〉云：「澶漫為樂，摘僻為禮，而天下始分矣……性情不離，安用禮樂。」[56]在劇烈的言辭下，隱藏著對人性分離割裂的憂慮。

〈駢拇〉等四篇，一方面從負面揭示儒家倫理「使天下瘁瘁焉人苦其性」（〈在宥〉）[57]，同時並從正面提出人倫規範應如何合於人性之真、人情之常的主張。改變本性去從屬於仁義，[58]則勢必將造成「殘生損性」的後果[59]。為此，莊子後學提出了一則發人深省的話語：「意仁義其非人情乎！」[60]人倫道德當以人情為依歸，確實是個饒富深義的提法，莊子後學遂由此提出「任性命之情」、「安性命之情」的呼籲。[61]「仁義其非人情乎！」這呼聲透露了莊子學派並非對仁義道德採取一概否定的態度，而是認為人倫道德當合於人情人性。

總之，禮制文化之失真，以至扭曲人性，是整個莊子學派所最為關注的一個時代課題。而《莊子》外、雜篇將禮文納入人性論範疇來考察，[62]這在中國古代哲學史上有重大的貢獻，這一課題值得深入探討。

三　稷下道家之禮觀

總結莊子後學對禮的態度約可分為三類：一是抒發個人的真情實感，〈大宗師〉「返真」的人生觀發展到外、雜篇任情放性的「貴真」說，〈駢拇〉及〈漁父〉等篇可為其代表；二是安於所行，釋然忘懷，由〈大宗師〉「坐忘」的心境到〈天運〉談至仁、孝親之行止臻於忘境，及〈山木〉描述「建國之德」人們舉手投足自然適然地合於禮儀，這是道德行為最高境界的寫照；三是落實到現實人間，肯定人倫道德社

---

56 郭慶藩，《莊子集釋》，頁三三六。

57 同前註，頁三六四。

58 《莊子・駢拇》：「夫屬其性乎仁義者。」同前註，頁三二七。

59 同前註，頁三二三。

60 「意仁義其非人情乎」一句兩見於《莊子・駢拇》，同前註，頁三一七、三一九。

61 「任性命之情」見於《莊子・駢拇》，同前註，頁三二七；「安性命之情」則屢見於〈在宥〉、〈天運〉等篇。同前註，頁三六五至三六六、三六七、三六九、五二七。

62 《莊子》內篇未曾出現「性」的概念，外篇首篇〈駢拇〉大談「性」之後，外篇的「性」與內篇的「真」緊密結合，以「真」為人性論的關鍵概念，這是道家人性論的一大特點。請參看陳靜，〈「真」與道家的人性思想〉，刊於《道家文化研究》第十四輯（北京：三聯書店，一九九八年），頁七八至八八。

會作用的走向，而〈天運〉提出「禮義法度者應時而變」的主張為其代表[63]。這一思路，和戰國中晚期日益蓬勃的黃老思潮有所交匯。

古代的禮制（包括刑制）有很嚴格的等級性，所謂「禮不下庶人，刑不上大夫」，這話典型地反映出禮和刑鮮明的等級性。以此可見，強調「玄同」的老子和「齊物」的莊子，對於禮刑之作為統治工具的距離感是不難理解的。戰國中晚期，禮制崩壞的同時，法制思潮卻日漸興起，甚至連莊子後學也出現「禮法」並提的觀念。《莊子》中「禮法」並提出現兩次，俱見於〈天道〉，除了說明「禮法數度……古人有之」[64]，仍認為禮法是「治之末」[65]。我們先看看禮法概念出現的時代痕跡，再論稷下道家（或稱稷下黃老）的援禮法入道。

禮法相濟

法制思潮興起——「去私就公」的精神

「禮法」並舉，反映出戰國中後期禮法兼治、剛柔相濟的一個總趨向。但是這種禮法相容的思潮是從衝突至融合，經歷了一段相當曲折的過程。

春秋之世，禮和法之間在實施上是相互衝突的。在古代，無論東西方，法律都有一個祕密時期，貴族壟斷律法，不把條文公開化。[66]春秋時代，開明的法治者在各國相繼頒布刑書，這引起禮治者強烈的不滿。史書記載了兩個著名的事例：一個是西元前五三六年事，鄭國要鑄刑書，將法條公開化，晉國的叔向就寫信給子產，提出反對意見，認為如此會使老百姓直接依據法條，而對統治者產生不敬，人民也會起相爭之心，各引刑律以作為己證，[67]禮治派反對法的公開，是因為「懼民之有爭心」。第二個例子是在西元前五一三年，晉國要鑄刑鼎，把范宣子所著的刑書鑄在鼎上，孔子聽到這消息，認為如果老百姓能夠察鼎以知刑來為自己辯護，那對於貴族就不會依順聽從，那麼貴族地位就受到挑戰。孔子十分擔心「民在鼎矣，何以尊貴？貴何業之守？貴賤無序，何以為國？」[68]孔子站在貴族立場來維護禮制的心情溢於言表。

---

63 郭慶藩，《莊子集釋》，頁五一五。
64 同前註，頁四七三。
65 同前註，頁四六八。
66 參看丘漢平，《先秦法律思想》（臺北：三民書局，一九六五年），頁六一。
67 《左傳》昭公六年：「民知有辟，則不忌於上。並有爭心，以征於書。」楊伯峻，《春秋左傳注》，頁一二七五。
68 《左傳》昭公二十九年條下，同前註，頁一五〇四。

法的公開化，到公平化，是有一個相當艱苦的歷程。從春秋之世，對法公開化的要求下各國頒刑書、鑄刑鼎，到戰國之世，對法的公平化原則下要求「刑無等級」[69]、「法不阿貴」[70]，這可以說在中國法制上兩次劃時代的義舉。「法不阿貴」的義舉，其歷史條件是政治經濟發展的趨勢使然，[71]而其思想的推動力則是「去私就公」的精神，這精神是道、法兩家相互激盪下而成的。「公」的觀念在諸子中首見於老子，[72]其後黃老派大肆發揚，如成書於戰國早中期的馬王堆帛書《黃帝四經》[73]，一再強調「精公無私」[74]、「唯公無私」[75]、「去私而立公」[76]。道家各派莫不尚「公」[77]，老子的「道」，本蘊含著「公」的客觀精神，黃老援法入道，乃將道之為公轉成法之為公提供了哲學理論的基礎。[78]

「道生法」

戰國之世，在禮制為主導的社會中，法的作用日益顯著。如果說法家是時代的開拓者，那麼黃老之學在突出法治的重要性上無疑起著推波助瀾的作用。《史記》說：「申子之學，本於黃老」，並說：「韓非……歸本於黃老」[79]，這主要是以禮法為治這一方面來說的。我們從稷下道家彭蒙所提出的「聖法之治」和帛書《黃帝四經・經法》「道生法」的主張，可見其端倪。

《尹文子》記載田駢和宋鈃在讀書，討論到政局太平和「聖人之治」的關係，在旁的彭蒙指出政局太平並非出於「聖人之治」，而是由於「聖法之治」。彭蒙並比較

---

69 《商君書．賞刑》，見賀凌虛，《商君書今註今譯》（臺北：臺灣商務印書館，一九八八年），頁一三五。

70 《韓非子．有度》，陳奇猷，《韓非子集釋》，頁八八。

71 參看王曉波，《中國古代的變局與韓非》，《韓非思想的歷史研究》第一章（臺北：聯經出版公司，一九八三年），頁二二。

72 《老子．十六章》：「知常容，容乃公，公乃全。」《老子今註今譯及評介》，頁一一一。

73 請參看拙文〈關於帛書成書年代等問題研究〉，《黃帝四經今註今譯》（臺北：臺灣商務印書館，一九九五年），頁二九至四五。下文凡引《黃帝四經》皆據此本。

74 《經法．君正》，同前註，頁一一三。

75 《經法．名理》，同前註，頁二四五。

76 「去私而立公」兩見於《經法》之〈道法〉與〈四度〉，《黃帝四經今註今譯》，頁七四、一六九。

77 黃老道家之尚公，帛書《黃帝四經》之外，其他如〈內業〉：「一言定而天下聽，公之謂也。」見戴望校正本《管子》第二冊，（臺北：臺灣商務印書館，一九六五年），頁一〇一；《慎子》「法制禮籍，所以立公義也，凡立公，所以棄私也。」《四部叢刊》正編，臺灣商務印書館，一九七八年，頁二；《鶡冠子．道端》：「廢私立公。」〈度萬〉：「法者使去私就公。」《四部叢刊》正編（臺北：臺灣商務印書館，一九七八年），頁一三、二〇。

78 《莊子》也有以道為公的話，如〈則陽〉說：「道者為之公。」郭慶藩，《莊子集釋》，頁九一三。

79 《史記．老莊申韓列傳》，頁二一四六。

兩者的不同：

聖人者，自己出也；聖法者，自理出也。理出於己，己非理也；己能出理，理非己也。故聖人之治，獨治者也；聖法之治，則無不治矣。[80]

這是稷下道家討論法治與人治區別的一段非常可貴的思想史料。人治的弊害就是法治興起的重要原因，人治主義不僅有「人存政舉，人亡政息」[81]的憂慮，即使在人存政舉時也易流於專斷的弊端。彭蒙精闢地指出聖人之治容易演變成「獨治」的缺失，並指出人治與法治的不同，前者出於己意，後者出於事理。[82]彭蒙「法自理出」的主張，和馬王堆帛書〈經法〉所揭示的「道生法」的命題，這兩者間是同一思想脈絡的發展。《黃帝四經》稱頌法治，充分表現出援法入道的思想特徵，《四經》全書「禮」字未及一見，但就其整體思想來加以考察，《四經》仍突出地表現出強調貴賤有別的禮制文化的特徵。[83]

戰國黃老道家著作眾多，但大部分已佚失，[84]現今可見具有重要代表性著作，一是《黃帝四經》，一是《管子》四篇（〈內業〉、〈心術〉上下及〈白心〉）。《管子》四篇被當代專家學者認為稷下道家的代表作，而《黃帝四經》的出土，一般被認為楚文化作品，而兩著作都有明顯援禮法入道的特徵。無論是《黃帝四經》或〈心術〉等篇，認為禮與法同出於道，如此而將形而上的道與形而下的禮法貫通為一整體。

以道為主，禮法為用

禮法相持

戰國黃老由於因應時代環境的需要，乃援禮法以入道，將形上之道與形下之禮法

80 《尹文子》，《四部叢刊》正編（臺北：臺灣商務印書館，一九七九年），頁八。

81 語出《中庸》：「其人存則政舉，其人亡則政息。」見朱熹，《四書章句集注》，頁二八。

82 此即前段《尹文子》引文「聖人者，自己出也」與「聖法者，自理出也」。

83 《黃帝四經》一再強調禮制中貴賤有別的核心觀念，如《經法・道法》「貴賤有恆立（位）」、「貴賤之恒立（位）」，《黃帝四經今註今譯》，頁七三、七四；《經法・君正》「貴賤有別」、「貴賤等也」，頁一一二；《十大經・果童》「貴賤必諶（審）」，頁三〇四。

84 稷下道家如田駢、接子、環淵、宋鈃等多有著作，《漢書・藝文志》道家類著錄〈田子〉二十五篇、〈捷子〉二篇、〈蜎子〉十三篇、〈宋子〉十八篇，惟先秦黃老著作盡多亡佚。

貫通為一體。而其禮法同出於道的主張，實是以道為體，以禮法為用的觀點。這在道家思想史上，有重大突破性的意義。

在老子的思想系統中，道與法沒有過任何的關聯，而道與禮雖有所聯繫[85]，但並不直接也不明確。稷下道家則首次將道德與禮法並列，這在〈心術上〉作出顯明的宣說：

虛無無形謂之道，化育萬物謂之德。君臣父子人間之事謂之義，登降揖讓、貴賤有等、親疏之體謂之禮，簡物小大一道、殺戮禁誅謂之法。[86]

〈心術上〉將道、德、義、禮、法等概念並舉，逐一加以界說，並將禮、法與道的相互關係做了這樣的連貫：

故禮出乎義，義出乎理，理因乎道者也。法者，所以同出……故事督乎法，法出乎權，權出乎道。[87]

禮、法「同出」於道，視禮、法為道的衍生物，從而倡導法治與禮義教化相互為用。這裡展現出黃老道家經世的雄心，為要掌握時代的脈動而推動社會變革（即所謂「時變」），遂在以道為依歸的前提下，把作為權衡準則的道通過禮法而落實到現實社會的層面。

在「禮法」並用的時代呼聲中，道家的另一派列子學派，也提出「禮法相持」[88]的主張。「禮」與「法」之間，何者為主何者為輔，在當時有不同的意見。一派是主張以法為主而以禮為輔，商鞅之外，《管子》的任法派明確認為「所謂仁義禮樂者，皆出於法」[89]；另一派則主張以禮為主而以法為輔，前述〈心術上〉之外，〈樞言〉

85 通行本〈三十八章〉：「故失道而後德，失德而後仁，失仁而後義，失義而後禮。」《老子今註今譯及評介》，頁一九四。

86 《管子》第二冊，戴望校正本，頁六四。

87 「禮出乎義，義出乎理，理因乎道」，今本作「禮出乎義，義出乎理，理因乎宜」。王引之認為當作「禮出乎理，理出乎義，義因乎宜」。郭沫若以王校不可從，「理因乎宜」當作「理因乎道」，「道」因形近誤為「宜」，此處引文據郭校改。《管子集校》（香港：龍門書局，一九七三年），頁六四四。

88 《列子·周穆王》，楊伯峻，《列子集釋》（香港：太平書局，一九六五年），頁六五。

89 《管子·任法》，戴望校正本第二冊，頁九〇。

篇便明確認為「法出於禮」。〈樞言〉宣說：「法出於禮，禮出於治。治、禮，道也。」[90]漢人收編得以保存在《管子》書中的〈樞言〉篇，為稷下道家的重要作品之一，上述主張（包括〈心術上〉）可以看出稷下道家在禮制為主體的社會中，「法」僅作為一種輔助性的工具而加以運用。

「禮者因人之情」

在禮制為主體的社會中，稷下道家在以道為依歸而倡導法治來輔助禮義教化之外，[91]還針對禮制文化之外化而至異化的崩壞時境，提出如此發人深省的聲音：

> 禮者，因人之情，緣義之理。[92]

這裡，言簡意賅，切中禮制之流弊，而提出「因人情」、「緣義理」的主張。這主張可歸結為三個主要的觀點：一是稷下道家在思想史上首次提出「貴因」的主張；二是突出百家爭鳴中「情」的重要議題；三是在倡言「因情」的同時，並提出合宜的「理」，以為之制衡。稷下道家將「因」、「情」、「理」納入人性論的範疇，在中國古代思想史上有其深遠的意義。

稷下道家將「因」及「因情」的觀念帶進禮制文化中，豐富了古代道家哲學的內容。貴「因」說在道家內部有一個發展的過程，《老子》書中未曾出現「因」字，不過它「以百姓心為心」[93]卻蘊含著「因」的主要內涵。到戰國時期，道家著作中，「因」字大量湧現。[94]這種湧現，與老子「以百姓心為心」的政治主張的立場一致。「貴因」說強調「因人之心」、「因民之欲」，這可以說是古代民本思想的一個基本理念，這裡我們只討論「禮」和「因人之情」的聯繫。

原本禮的設施在於別貴賤，也就是站在貴族的立場所設計的一套維護統治階層之

90 《管子・樞言》，戴望校正本第一冊，頁五五。
91 《管子・任法》，同前註。
92 《管子・心術上》，戴望校正本第二冊，頁六四。
93 通行本〈四十九章〉，《老子今註今譯及評介》，頁二三四。
94 帛書《黃帝四經》「因」字為二十三見，《莊子》書中出現多達五十三次，「因」多只在表達順任自然之意，而未發展成為一個獨立的範疇，而稷下道家則不僅提出「貴因」、「因之術」、「靜因之道」等重要哲學範疇，而且還為「因」下界説，謂「因也者，舍己而以物為法者」，以上所引皆見〈心術上〉，《黃帝四經今註今譯》，頁六六、六五、六三、六五至六六。白奚教授指出：「黃老將『因』的原則應用於人性論。」請參看白奚，《稷下學研究》（北京：三聯書店，一九九八年），頁一〇三。

間的儀節以及上以馭下的規範。然而春秋戰國之際，社會階層的大變動，有的貴族紛紛下降為平民，有的布衣上升而為卿相，這種階級的大變動帶來了人民思想的解放，也擴大了人民心頭的願望，所以在禮制文化中提出「因」的概念，也就是將禮落實到「以百姓心為心」作為主要的思考方向。面對當時禮的外化、異化的嚴重情況，禮制文化不僅流於虛偽而且背逆人情、乖違人性，禮反成為僵硬的、冷酷的社會規範，因此稷下道家提出「因人情」、「緣義理」的因應之道，為禮注入了「情」和「理」的新血液，禮的設施不僅要考慮到人和人之間的合理性，也要順應人情人性之自然。如果禮缺乏情和理這兩個面向，那就成為後代批評為非人性化的「吃人禮教」。

稷下道家所提出的禮和情的關係，尤其值得我們注意，以「人情」滋潤「禮」，更反映了戰國中期百家爭鳴所迫切關注的時代課題。道家各學派，都非常重視禮內在的情質。從莊子學派倡言「任情」而「安情」，發出「仁義其非人情乎」的呼聲，到稷下道家明示「禮者因人之情」，在在彰顯出禮制文化不僅要有道德的自覺，而且要有豐富的個人內在感情。郭店出土的古佚書〈性自命出〉中提出令人醒目的「道始於情」、「禮作於情」[95]的命題，這也反映了在禮制文化垂危之際注入「情」的重要性。

四　結語

論及先秦諸子之禮觀，長期以來學界普遍執持著儒家守禮而道家反禮的觀點；即使是研究道家的學者，也不例外。然而，如果我們對道家原典做更進一步的深層探究，則將產生與傳統極為不同的看法。

首先我們必須了解，在道家的思維系統裡，形上界與形下界為一相互涵攝的整體，兩者並非分離割裂。例如，關於《老子．三十八章》的解釋，在道、德與仁、義、禮五者之間，道居於形而上的層次，而德則為形而上領域與形而下現實社會彼此聯繫的中介環節，使形上之道成為孕育現實存在的母體，而與維繫人間社會倫序的仁、義、禮有著因依相存的連鎖關係。作者就此線索對道家之禮觀進行重新思考。

本文最主要的思考線索是，道家對於禮制文化確有強烈批判，但其所批判的其實是對於當時社會上普遍存在的禮之外化、異化的現象，而非一味反對禮之真實內涵。因此，從道家的創始者老子起，即重視禮之內在情質。莊子循此發展出「反真」、

95　湖北省荊門市博物館編，《郭店楚墓竹簡》（北京：文物出版社，一九九八年），頁一七九。

「貴真」的觀點，以內心真情實感之流露來作為禮所應具有的內在本質。稷下道家更進一步提出「禮者，因人之情」的主張，強調禮的形成或制定，都必須順應人情人性之自然。就真情實感這方面而言，莊子的觀點與原始儒家實可相互會通；再就重視禮在現實社會的功能面來看，稷下道家則具有「采儒墨之善」[96]的特點。

筆者在探討道家各學派之禮觀時，留意到莊子後學將禮文納入人性論考察的重要意義，在先秦人性論的議題上，孟子主性「善」，荀子主性「惡」為眾所周知，而道家之主性「真」，則未受到學界應有的關注。此外，黃老道家將「因」的概念運用到人性論範疇也值得注意。總之，由道家之禮觀而引出道家人性論的探討，確實是一個值得進一步研究的重要課題。

本文為一九九九年五月下旬參加荷蘭萊頓大學亞洲研究所舉辦「儒道之禮的理論與實踐」研討會所作，一九九九年五月九日完稿，八月底修訂。刊於《漢學研究》第十八卷第一期，臺北：漢學研究中心，二〇〇〇年六月。

96 司馬談〈論六家要旨〉對黃老道家特長之評語，司馬遷，《史記》卷一三〇〈太史公自序〉。

衝突世界中的和諧對話——老子和諧觀給世人的提示

這篇文章是為參加以「和諧世界以道相通」為主題的《道德經》論壇所作。這個論壇的重要意義之一，便是匯聚東西方學者借老子的智慧，為我們當前擾攘不安的世界進行一次盛大的文化與哲學對話。我曾多次出席西安舉辦的老子學術討論會，這一回國際學者的對話，要比以往更具有時代性意義。

一　地球暖化與「道法自然」

「地球村」的概念形成於二十世紀，這和兩千多年前老莊所提示的宇宙意識、天地精神正相對應。然而，二十世紀初、中期爆發過兩次世界大戰，全球各地區間的分離割裂、對峙衝突，至今仍未止息。因而，衝突與對話，仍然是我們全球各色人等的主要課題。

自古至今，人類便不停地面臨著三大衝突：人與自然的衝突、人與人的衝突、人與自己內心的衝突。而當今人類在享受科技文明成果的同時，各種衝突卻仍在擴張並呈惡質化的趨勢。就人與自然的衝突而言，當今人類對於自己賴以生存的地球資源，進行前所未有的榨取掠奪。我們只需從自己的生活經驗中，就可以深切體會地球生命遭受人類毀損的程度：我們目擊大片森林不斷被砍伐，田園風光急遽遭毀容；昔日嬉戲泛舟的河川已日漸乾枯，幼年時代與自然的親密關係已不復再現，也讓全球各地出現氣候反常與生態惡化的異象。二〇〇七年有一則報導，由一千多名科學家組成的「氣候變化跨政府小組」向聯合國提出一份報告，初稿中警告說：「全球暖化在二十年內將導致數億人缺水，此外每年會有一億人因海平面上升住家被水淹沒而失去家園。」全球暖化的趨勢將使得每個人的生活都受到嚴重的影響，而人類正是地球暖化的元兇。

我們以往所接受的教育，總是讚揚人定勝天的精神，如今戡天役物的作為，卻帶來大自然重重地報復。這情景使我想起金岳霖先生的一段論述：

西方有一種征服自然的強烈願望，似乎總在對自然作戰。這種態度的結果，一方面是人類中心論，另方面是自然順從論。……對自然的片面征服似乎讓人性比以往更加專斷。我們應當小心謹慎，不能隨便提征服。……自然規律從來沒有為了人的利益，順從人的意志而失效或暫停；如果我們想用堵塞的方法來征服自然，自然就會重重地報復我們；不久就會在這裡那裡出現裂縫，然後洪水滔天、山崩地裂。

這是一九四三年金先生寫的一篇英文稿（一九八五年錢耕森中譯，載於《哲學研究》）。印尼在二〇〇四年爆發「洪水滔天」的大海嘯，以及近二十年頻傳北極冰山融解崩裂的景象，使我霎時想起當年金先生發出的預警。這讓我們回想起老子的名言：「人法地，地法天，天法道，道法自然。」的確，針對近代以來人類中心論的偏頗論調，我們當重新開啟「尊重天地的自然性」這一思考。

二　單邊主義與「殊途同歸」

近一個世紀來，人與自然的衝突史無前例地加劇，在各個工業強國率領下，各國競起以「現代化」的手段加速對地球生命的毀損；而人類相殘的慘景，也未曾緩步。第二次世界大戰中大規模武力屠殺，就奪去了五千萬條生命，人間遭遇如此悲慘教訓之後，如今中東戰火依然燃燒不斷。這情景不禁令人想起尼采說過的這樣一句話：「人類是病得很深的動物。」（《反基督》）

人類歷史有著不同的世界觀與人生觀，較顯著的有兩種：一是以鬥爭為主線的世界觀與人生觀，另一是以和諧相處為主導的世界觀與人生觀。自二次大戰以後，世界局勢仍在唯力是尚的霸強主導下運行著。今天霸強的主政者們，首要任務便在於如何鞏固其全球性的軍力部署，以及維護其核武儲備優勢之不可挑戰性。武力相向的結果，演變成為當前世界各地之恐怖襲擊與反恐神經戰的緊張情勢。

電視上播報國際新聞時，我們最常見以強凌弱的鏡頭便是：敵對雙方，一邊是一堆散亂的人群俯身拾起地上石頭往前扔擲，一邊是手持先進的機槍或火箭向人群猛烈地射擊。這鮮明而懸殊的對比，多年來反覆呈現在我們眼前，給世人留下多麼無奈與不平的感受！仇恨的情緒遂長年從中東地區隨著宗教宗派的傳播而擴散開來。

昔日基督教文化東傳以「平等」、「博愛」為號召，如今在英美政治與軍事單邊主義中則飾以「自由」、「民主」之美言。二〇〇三年，當美軍向巴格達

（Baghdad）政權施展其無比摧毀性的「現代化」火力之後，坦克部隊便所向無敵地長驅直入伊拉克（Iraq）領土，老子曾形容戰爭的災情：「師之所處，荊棘生焉。」當時的中東則是師之所至，烽火四起。我在電視上看到一名劫後餘生的婦女，蹲在她丈夫和孩子屍體旁邊失聲抽泣，之後面對記者哭訴著：「美國人說要帶給我們『自由』……但是現在帶給我們的卻是恐懼和死亡。」自後，美國官方似乎不太敢向他們說「民主」，因為「民主」要講多數決，而絕大多數的阿拉伯人要建立的是伊斯蘭教的政府，而不是基督教政權。

不同教派之間，原本是「人民內部矛盾」，竟演變成不共戴天的「敵我矛盾」，這對東方人是不容易理解的事，因為兩千多年前中國文化界「殊途同歸」之說就已深入人心。而基督教文明和伊斯蘭教文化之間，同屬一個「上帝」（God），縱使宗派間的信仰不同，怎會動輒兵戎相向？這才使我想起老子提倡「寡欲」的現代意義，即使垂涎於石油資源，也不能如此強硬地入侵別國領土進行資源壟斷。這種政治和軍事的單邊主義，或許是文化絕對主義、獨斷主義的反映。

中國文化傳統長期受到儒道和諧觀的影響，宋明之後三教合一已演成常態，迄今已有千年之久。漢魏以後佛教傳入中土，道家有接引之功。佛道思想長期融合，我們到現在可以在中國和東南亞華僑的寺廟中看到諸神共用的景象；在道觀裡，可以看到太上老君和觀世音菩薩並列，前庭可供一座孔子像。這種多神並列的情景，乃道家和諧觀之具體反映。

三 貴「柔」謙「下」的現代意義

「九一一」事件，美國遭受到突如其來的浩劫，但主政者並未在政策及對待異己的態度上進行任何反思，只知使用以暴制暴的手段，在美國中心論的強化與推動下，使政治走向與軍事行動更趨於極端與單邊主義。這情景常令我想到老莊的哲理。

這裡僅就老子貴柔與謙下思想用之於治道方面來談談。

「大者宜為下」

《老子・八十章》曾為「小國」提供治國的方針，其要在於提高人民的經濟生活（「甘其食，美其服，安其居，樂其俗」）；不炫耀武力（「使有什伯之器而不用」），有些防禦性的武器就可以了，不必耗費民財大肆擴軍或搞軍售（「雖有甲兵，無所陳之」）。

老子為「小國寡民」（〈八十章〉）提供施政方針的同時，他更為大國提供諸多治國良策，例如在〈六十章〉告誡：「治大國，若烹小鮮。」這就是說治理大國如同煎小魚，不能常常翻動，常翻動就會破碎。用老子的話來檢視當代，「文革」的折騰就是一個極深沉的教訓。《老子．六十一章》接著討論國與國之間關係，世界能否和平共處，關鍵繫於大國的態度。大國要像江海那樣居於下流，為天下所匯歸。老子說：

> 大國者小流，天下之交。天下之牝，牝常以靜勝牡，以靜為下。故大邦以下小邦，則取（聚）小邦；小邦以下大邦，則取（聚）大邦。故或下以取，或下而取。大邦不過欲兼蓄人，小邦不過欲入事人。夫兩者各得所欲，大國宜為下。

這裡強調國家無論大小，都應謙和相處，大國能夠謙下以匯聚小國，自然能取信於小國而贏得歸順；小國如能以謙下見容於大國，自可獲得大國護養而取得平等看待。而國與國相處，最重要的還是大國先要謙下為懷。《老子．六十六章》再度闡發大國謙下不爭的觀念：

江海之所以能為百谷王者，以其善下之，故能為百谷王。

老子對大國提示這些道理，頗適於書寫懸掛在聯合國總部大廳前。

「貴柔」

戰國晚期《呂氏春秋》學派論及老子學說觀點時，謂「老聃貴柔」。我們生活在現代，每天總是要看國際新聞，強國政治領袖的言行，又常成為媒體報導的焦點。而強國領導的言談舉止，常失之傲慢或剛暴，這使我經常想到老子提示柔弱處世的道理。

二〇〇三年三月，美軍入侵伊拉克，我每回從電視螢幕上看到布希（George Walker Bush, 1946-）總統的鏡頭，就容易使我聯想起西部影片中牛仔動輒拔槍的身影。美軍佔領巴格達之後，布希穿著軍裝乘坐直升機降落在中東海邊航空母艦甲板上的神態，我即刻想起老子對於「殺人之眾」的戰爭所持的態度：

將欲取天下而為之，吾見其不得已。天下神器，不可為也，為者敗之，執者失之。（〈二十九章〉）

不以兵強天下。其事好還。師之所處，荊棘生焉，大軍之後，必有凶年。善有果而已，不敢以取強。果而勿矜，果而勿伐，果而勿驕。（〈三十章〉）

夫兵者，不祥之器，物或惡之，故有道者不處。……殺人之眾，以悲哀泣之，戰勝以喪禮處之。（〈三十一章〉）

這是老子論兵所發出的人道主義的呼聲。

我童年時代經歷過抗日戰爭，但屬後方地區，戰爭的慘烈雖時有新聞，但未及目睹，直至一九七二年夏天我在美國聖地牙哥加州大學（University of California, San Diego）校園內，觀看兩次大戰的紀錄片，才首次目擊日軍入侵南京大屠殺的情狀。紀錄片最後拍攝出一具具、一堆堆被日軍屠刃的平民屍體搬上一輛輛大卡車的慘景，使我想起老子對窮兵黷武者的告誡：

兵者，不祥之器……勝而不美，而美之者，是樂殺人。（〈三十一章〉）

四　齊物精神與「玄同」之境

權力運用得當，可以服務人群，但權力容易使人傲慢，傲慢則易失去人類的同情心，而做出種種損人利己或害人害己的事端。老子「無為」的學說便是針對權力之專橫、濫用而提出的。

我們生活在同一的地球上，不同國度當透過對話以促進溝通來尋求共識。「九一一」事件及中東這場歷時將近十年的「新十字軍東征」，可說是以衝突、鬥爭為主線的政治結構運行的必然結果。地球村中的主人，無妨聆聽東方的道聲道樂。

道家的和諧觀，不止於倡導人際關係的和睦相處，同時也闡揚宇宙的和諧與心靈的和諧。道家的「三和」，用莊子的話，就是「天和」、「人和」、「心和」，至今聽來仍是「天籟」之音。

我們生活在同一個星球上，不同民族理應加強對話以促進和諧，來擴大共通點尋求共同處。在老莊的「觀點主義」（perspectivism）中，人類可有不同的視域：存異以求同；同中可存異。就存「異」而言，即莊子所謂「自其異者視之」，小至於維護個人的殊異，大至於尊重不同民族文化的特色及生活方式；莊子同時又強調「道通為一」，故而「自其同者視之」，則全人類可共存共處，締造一個多彩的世界。

我們期盼未來有一個「與道相通」的「和諧世界」，這正是莊子「相尊相蘊」的齊物精神，也是老子的「玄同」境界。

本文為二〇〇七年四月參加中國道協主辦西安《國際道德經論壇》所作。刊於《中國道教》，第四期，二〇〇七年。

二〇二三年三月重新修訂。

老子的哲學智慧對當前文化危機的啟發

一　從哲學理論到現實人生

《老子》五千言多在談論治道，以深奧的哲學義理作為理論的依據。但一般人一翻開《老子．一章》，對於「玄之又玄」的道，常感到十分費解。我就從首章第一句話「道可道，非常道」開始說明。

這三個「道」字語境意義不同，但彼此之間具有內在聯繫。第一個「道」包含了天道和人道，天地間運行的法則（天道）和人事間行事的規範（人道），都必須透過語言文字來加以表述和建構。第二個「道」所指的就是語言的功能之意義，這個象形文字代表著華夏地區的人群昂首挺立在大地上活動，共同譜寫出一部多彩的歷史，這使得「道」成為中國文化的象徵。第三個「道」是老子哲學的最高範疇，同時也成為了中國哲學的最高範疇。第一個和第三個「道」之間，則具有現象界和本體界（或曰本根界）的關係，第三個「道」是第一個「道」的本源和本根，如果借用王弼的話來說，它們是「體、用」、「母、子」的關係。

這三個「道」字語境雖異，但具有共同的基本意涵，那就是：方法、規準、法則，當然也就蘊含了和諧、秩序等等意涵。以「方法」來說，老子提出了對立辯證的思維，運用到現實社會之中，正在告訴人們應當承認對方的存在，了解對立面的彼此是相互依存的，如此一來，才不至於流於片面思考與單邊主義。

現在，讓我們把這三個「道」的語境意義放在兩千五百年後的今天，來重新詮釋，呈現出它的當代意義。一、第一個「道」就天道層面來反省，提醒我們更加關注天地間自然的運行法則，不要從人類中心主義出發而過度地毀損它、破壞它，我們應該更加地珍視太空環境與地球生命。二、就人道層面來說，如何建立一個和諧的秩序，成為全球共同努力的發展方向。二〇〇七年四月於西安召開的國際《道德經》論壇中，在西方媒體不斷製造「中國威脅論」之際，我們宣告「和諧世界，以道相通」，將數十年來以階級鬥爭為綱轉向以和諧為本的方針，具有劃時代的意義！在參與建立全球性秩序之前，首先我們自己要建立一個和諧有序的社會。

二〇〇九年發生金融大海嘯，衝擊全球。中國經濟的蓬勃發展，為全球金融危機帶來了穩定的作用，但說到底，要重新建立全球秩序，還是要借重文化的智慧。正如羅素在世界大戰後所說的，經濟的問題、軍事的問題，歸根究底仍是文化的問題。所以，在各種危機當中，如何重建國際的秩序，必須回歸到文化問題上來反思。

二　老子治道的現代意義

治身之道的現代意義

老子深刻感到當時的人過度物化而迷失本性，〈十二章〉說：「五色令人目盲，五音令人耳聾，五味令人口爽，馳騁畋獵令人心發狂，難得之貨令人行妨。」反觀現實，人心物化也已經到了令人心發狂的程度。因此對於當前中國的國學熱，我樂觀其成，相信它能對人心的內在教化起到相當的作用。再者，〈五十九章〉說：「治人事天，莫若嗇」。治身治國要強調「嗇」，教人愛習保養，涵養學養，儲蓄能量，「重積德」才能累積生命能量，也才能「深根固柢，長生久視」。老子形容自己「被褐懷玉」，希望老子「嗇」的智慧，能在人人迷失在商品文化的浪潮之際，再次激發人充實生命內涵的自覺與自我要求。

治國之道的現代意義

《老子》五千言從治身到治國，主要是談治道，是講給治國者聽的。孔子的言論大多是提供為臣之道，老子幾乎都在提供為君之道。一方面，對於小國，老子提供「小國寡民」自處之道，以自給自足、具有足夠防衛性能力為原則。另一方面，老子的治國理論更多是為大國設計的，例如：「以靜為下。」就我的觀察，現在的大國騷動、浮動得太厲害。近年我所到之處，皆聽聞一片反美的聲音，這正是因為美國不懂得老子「大者宜為下」的智慧與道理。反觀中國，「治大國若烹小鮮」，若能早幾十年提出，也不致發生「文革」了。老子又教人「常善救人，常善救物」、「以百姓心為心」，這是身為國家領導應有的胸襟。

老子雖然是兩千多年前的人，但今天看來，卻特別感到它切重時弊之深刻。老子的哲學智慧，對解決當前文化危機的啟發，引人深思。

三　老子「可道」的重要性

老子作為本源、本根的形上之道，是探討萬事萬物由來的根源因，落實到現實世界有它特殊的意義。特別是二〇〇三年「九一一」事件之後，我經常探討這個事件發生的究竟原因，美國以「反恐」為名，發動中東的戰爭，實在是倒果為因，現在也引起美國輿論的反省。

將近十年的美伊戰爭，花費的金額之龐大，已經超過韓戰和越戰經費的總和；傷亡官兵數以萬計，更遑論伊拉克在地人民。根據二〇〇九年七月八日《聯合報》的轉載，《紐約時報》（*New York Times*）專欄作家鮑伯・賀伯特（Bob Herbert）指出，在越戰中，光美軍就死難將近六萬人，越南人民死難的則達二百到三百萬人。當時的國防部長麥納瑪拉（McNamara）表示，他對越戰的認知與因應之策「嚴重錯誤」。因而賀伯特不禁問說：「這些對地緣政治毫無概念的青年，為何要成為殺人機器？」這個時候，我總會想起老子說，「不以兵強天下」（〈三十章〉），「夫兵者，不祥之器……殺人之眾，以悲哀泣之」（〈三十一章〉）。「為何而戰」這個問題，不只是來自美國有良知的知識分子的反省，全球有良心的知識分子也都會發聲質問。

「九一一」之後，我愈加感到老子「可道」的重要。在現代，「可道」可從對話和教化兩個層面來談，老子的不言之教和孔子的教化是可以互補的。第一個「道」具有全球的心胸，第三個「道」更有一種宇宙的視野，第二個「道」強調在不同的國家與文化之間，應該由對抗轉化為對話的形態，特別是異質的對話。從文化普及層面來說，《論語》和《老子》都應有現代、嶄新的翻譯，我們的學生都需要讀，中學以上可以選讀《論語》，為何要選讀呢？因為其中有些觀念已不合時宜，例如「唯小人與女子難養也」；大學以上可讀《老子》，我覺得這本書的每句話都應該讀。更可將此二書推廣至外國，正如我們讀西方的典籍一樣，外國人也應該多讀中國的經典。因為，就像尼采說的：「過分缺乏歷史意識，就會像阿爾卑斯山下的居民般視野狹隘。」

四　結語

老子的形上之道和萬物之間，有著共相和殊相的關係。在這裡，我想藉由幾個重要的命題，簡單地總結老子哲學智慧的現代意義。

第一，道法自然。在全球化的時代，彼此交流頻繁，人們應該學會尊重每一個個體的自發性、自為性與自主性。

第二，道生德畜。我覺得老子的「德」特別重要，他說：「生而不有，為而不恃，長而不宰。」老子激勵人要發揮創造的意志，警惕人要收斂佔有的衝動。「生」、「為」就是為民服務，「不有」、「不恃」就是反貪污。

第三，道常無為。老子的「無為」主要是針對統治者的有為、妄為而提出的。他主張消解權力的專橫，反對強國干政，對促進全球秩序的和諧有積極的意義。

第四，進道若退。全球化的時代，也是全球競爭的時代。老子告訴我們，要向前邁進，向上提升，競爭不是唯一的選擇。所謂「退一步海闊天空」，老子的辯證思維給予我們不同的視野與啟發。

第五，道通為一。莊子說：「恢恑憰怪，道通為一」。世界已進入全球化時代，全球秩序的建立更是一個重要的課題。我認為全球秩序不該是「大同」世界，不能以強國的價值觀為單一權衡，而消解了不同人種的文化特質。相反的，我們應該開啟異質對話，在保持個體殊異性的前提下，建立起彼此融通的「大通世界」。

本文為二〇〇九年十一月參加《北京論壇》發言稿。刊於方勇主編，《諸子學刊》第四輯，上海：上海古籍出版社，二〇一〇年十二月。

二〇二三年三月重新修訂。

道法自然與道通為一

長久以來，我們都特別強調老子對個體生命的重視，但是我注意到西方消費刺激所產生的種種弊端，對個體和個性的單向追求帶來公共道德的缺失，因此想從共性和殊性、共相和殊相的角度來談一談道法自然與道通為一的思想。

一　道法自然

《老子．二十五章》說：「人法地，地法天，天法道，道法自然。」羅素在《中國問題》（*The Problem of China*）書中，就是從個性自由的視角來談論這個話題，他的話是從這樣說起的：

老子、孔子雖然同處於西元前六世紀，但已具備了今日中國人的個性特點。……

中國最早的聖人是老子，道家的創始人。……我對於他的哲學比對孔子的要有興趣。他認為每個人、每個動物乃至世間萬物都有其自身特定的、自然的方式方法。……莊子比他的老師更讓人感興趣。他們所提倡的哲學是自由的哲學。[1]

羅素這裡所說的「每個人都有其自身特定的方式」，就是「道法自然」，即道遵行自然，乃是遵行自己存在的活動方式，依據其自身存在的方式自由運行，正體現了道的自發精神。但是「道法自然」並不僅僅表現為一種個體的自足、自發與自為，也呈現出道作為整體與個體之間的相互會通。人法地的厚重、天的高遠，法道的自發精神，在這裡，自然可以理解為發揮個物的自性，而道就是整全，具有一種普遍性和共通性。

道是產生萬事萬物的源頭，「道生一，一生二，二生三，三生萬物」，不管萬物多麼千差萬別，就其形而上學的根源來說，都可以上溯至一個共同的原因道。同時，道也是萬事萬物存在的本原，是萬物按照其本身特性運行的根據，道生德畜，雖然道

1 羅素著，秦悅譯，《中國問題》（上海：學林出版社，一九九六年），頁一四八至一四九。

「生而不有，為而不恃，長而不宰」，無形無象，但卻無時無刻不作用於萬物生、畜、育、熟的過程中。

「道」還因其至大至廣，具有涵容、統攝一切的多元性的能力，因而才能成為所有事物共有的共相，而不是某一類某種事物的共相。對一般事物進行的抽象只能獲得對某一類事物共相的認識，但這個認識只能是一定範圍的共性，卻無法保證概念外延外事物的個體性，而只有道這個大全，才能在保證個體殊異性的前提下實現其整體性。

二　道通為一

《莊子》對於萬物的自性、個體的殊異的發揮格外突出，他特別強調道的「自本自根」（〈大宗師〉），倡言「物固自生」（〈在宥〉）、「物固自化」（〈秋水〉），比如〈田子方〉「天之自高，地之自厚，日月之自明」；〈秋水〉中河伯與海若第四次的對話中強調各物的「殊性」、「殊技」；最著名的莫過於〈至樂〉中「魯侯養鳥」的寓言，鮮明地闡發尊重個體生命差異的重要意義。

雖然每個個體千差萬別，有著自己的殊異性，「鳧脛雖短，續之則憂，鶴脛雖長，斷之則悲」（〈駢拇〉），莊子也重視到人在宇宙和人生中的共通性。

首先，莊子對人性有兩個解說，在〈庚桑楚〉中他說「性者，生之質也」，這一命題沿襲了告子「生之謂性」的自然人性論，這是從人之為人的共通性上來說的。在〈天地〉中，莊子從道德論引申出性命觀，從而為人性的本源、本體尋找到它形上學存在的根據：

> 泰初有無，無有無名。一之所起，有一而未形。物得以生，謂之德；未形者有分，且然無閒，謂之命；留動而生物，物成生理，謂之形；形體保神，各有儀則，謂之性。……性修反德……通乎大順。

萬物演化的過程是一個由無到有、循環往復的運轉過程，這個過程中經歷著德、命、形、性幾個階段，這是萬物的共通性。但同時莊子也指出「形體保神，各有儀則，謂之性」，道生萬物，賦予萬物以形體，但個體生命又能以其各自的殊異性而為其性之內容，所以莊子對性的解說，既肯定了人性中之共性，也強調其中的殊異性，正如其在〈則陽〉中所說「萬物殊理」，「道者為之公」，每個事物在宇宙中都有其存在的特殊性，但正是道才讓所有事物有了一種共通性。

在莊子看來，宇宙間一切物象，生意盎然，各呈其能。然而個體存在顯現出無比的差異性、對立性，又如何相互會通融合呢？因而闡揚個體生命價值的同時，個體間的相互交會而互為主體，便是莊子進一步要思考的重要問題。以此，在肯定個體生命的生存意義與價值論述之後，莊子便接著論及個體的多樣性與大道的整全性關係，他在〈齊物論〉中詳細討論了這一問題，「恢恑憰怪，道通為一」，是說眾多個體生命在宇宙大生命中相互會通；「知通為一……而寓諸庸」，是說在宇宙大生命中，讓無數的個體生命得以發揮各自獨特的功能，而共同匯聚成為一個多彩的世界。

三　共相與殊相的關係及其啟發

西方最早將「道」翻譯為「god」，視「道」為造物者，與上帝相類似，但中國的「道」概念與宗教的天帝概念並不一致。與西方相比，不管是孔子，還是老子，都顯示出強烈的人文精神，具有豐富的人文意涵。

西方哲學的上帝，除了創生意志之外，還具有絕對性和權威性，這與道的「玄德」有很大的不同，道的觀念主張在事物的成長和成熟的過程中要「生而不有，為而不恃，長而不宰」。西方哲學的觀念很容易導致一種偶像主義、威權主義和絕對主義的傾向，用懷特海（Alfred North Whitehead, 1861-1947）的話說，就是容易造成「自然的兩極化」，being和nonbeing之間的兩極化，而中國哲學中的道物關係，更多的是一種群己的關係，是整體與部分、共相與殊相的關係，萬物因道而存在，道也賦予萬物以多樣而特殊的個性。

此外，與西方哲學相比，中國哲學的道物關係中還蘊含著一種境界說。比如《莊子》言「獨與天地精神相往來」，個體生命可以流入宇宙生命，使個體生命能夠擴大它的內容，提升它的精神境界。這種將個體的殊異性置於共同性的洪流中，以獲取殊異性的提升空間和永恆價值，也是中國哲學的一大重要特點，對於個體精神、生命、心靈的安頓有著重要的意義。所以《淮南子．要略》說：「故言道而不言事，則無以與世浮沉；言事而不言道，則無以與化遊息。」道物之間的關係是不離不棄的，是不可分割的個別與整體的相互關係。而與此相對照，西方哲學中的現象界是變動不居的，沒有永恆性，所以尼采說整個世界是一個有機的生命聯繫體。在意識層面，對個體的特別強調，使得個體主宰的意識非常突出，唯我論、獨斷論的傾向強烈，容易導致納粹（Nazi）主義、民粹主義等意識的產生。而在現實生活中，對個體生命的突出，固然有著強烈的人文關懷，但也可能因為對個體的重視而忽略群己之間相互蘊含的關係，忽略個體世界之間的相互會通。

對「道法自然」與「道通為一」的討論，並不只是為了探尋萬物生存的內在根據，以及萬物千差萬別的成因，對全球化思潮衝擊下的現代人也有著諸多的啟發。我們現在所處的世界，多達千百個不同歷史文化、生活方式的民族，以及不同政治制度、社會價值的國家，從全球視野來看，世界上各色人等既已成為一個相互聯繫的整體，那麼如何承認這殊異多樣的文化載體？「道通為一」正是要不同族群，彼此之間能在同情了解的基礎上進行對話與溝通，這正是莊子「道通為一」、「為是不用而寓諸庸」所提示的重要課題。

本文為《老子：文獻與思想》國際學術討論會發言稿，北京大學國際漢學家研修基地，二〇一〇年九月六日。

貳

老莊的人文思想

道——精神家園

老子和孔子同時代，他們共同繼承了殷周以來的文化傳統。老子思想極富創造性，在創新的同時又有所繼承。他所繼承的和孔子一樣，是殷周以來的人文思想，他創新的是形上道論，而他的形上道論也蘊含著豐富的人文精神。我們就以老、莊的重要命題，例如老子言「道法自然」和「生而不有，為而不恃，長而不宰」精神，以及莊子言「咸其自取，怒者其誰邪」之義，對比西方主宰萬物的上帝，來呈顯出老、莊的人文意涵。

一　道的本根性及其人文意涵

如果用一個字來代表中國文化的核心觀念，並且用一個概念來表達中國哲學的最高範疇，那麼我想最適當的就是「道」。

「道」的本義是人行走的道路，後來引申為技藝、方法、事理、規準、法則及和諧、秩序等意涵，這些意涵為先秦諸子廣泛使用而流傳至今。老子之所以成為中國哲學的開創者，就是他最早將上述文化意義的「道」提升為哲學的最高範疇——即將「道」提升為宇宙的本原和萬物的本根。

「道」的本根意義亦為莊子所繼承，例如〈大宗師〉論及道乃是「自本自根」，這意謂莊子亦賦予道本根之意涵。「道」作為萬物的本根意涵對於老莊而言，不只具有生成之根源義，更意謂著道是人事價值的根源，亦即人間的一切制度、君王的行事作為，皆以道作為價值的依據。例如《老子．五十一章》言：「道生之，德畜之，物形之，勢成之，是以萬物莫不尊道而貴德。」老子所謂的德，即是指道內在於事物的價值依據。再如〈二十五章〉言：「有物混成，先天地生，寂兮寥兮，獨立不改，周行而不殆，可以為天下母。」這裡老子一方面指出道的超越性，另一方面又將道視為「天下母」——一切價值的源頭。

從上述老子的論述可以看出，道雖然有其作為萬物生成的本源與本根之超越性，然而更重要的是其作為價值根源的意涵。正是作為價值的根源這一點，體現出道的本根性所具有的人文意義。若換個面向來說，人間制度亦可是道的體現，或者和諧的人事即是道的體現，例如《老子．二十八章》言「樸散則為器」，「器」指向制度與規範，「樸散」意指道的落實。整體而言，即意謂著人間的制度與規範正是由道落實而成。另外對於莊子而言，和諧的人事即是道的體現，莊子於〈大宗師〉即言：「魚相忘乎江湖，人相忘乎道術。」「相忘」指向人事的和諧與自適，對莊子來說，這樣的境界正是道的體現。

歸結而言，老莊之道的本根性，在兩個方面體現出人文意涵：一方面是作為人間制度、人事的價值根源；另一方面，理想的制度規範與和諧人事，正是道的體現。

二　道的創生性及其人文意涵

對於老莊而言，道創生萬物，然而這種創生卻不是一種至高無上的創造力與主宰力，而毋寧說是一種開放性，一種讓萬物得以自行生長、發展的開創性。王弼在解釋《老子．十章》「生之」、「畜之」時言：「不禁其性，不塞其原。」即深刻地將道這種讓萬物自行發展的開放性闡論出來。《老子．十章》亦言：「為而不恃，長而不宰，是謂玄德。」所謂「為而不恃，長而不宰」正指出道只是任憑萬物生長發展，而不加以干涉主宰。道的這種特質，也正是統治者對待百姓所應取法的特質——「玄德」。

道不主宰、不干涉萬物生長的特質，正體現為一種不干涉百姓，讓百姓依其自然之性生存活動的政治思想，這種政治思想正是老子無為思想的體現，也是道的創生性所含蘊的價值。老子屢屢言及這樣的政治思想，例如〈三十七章〉言：「道常無為，而無不為。侯王若能守之，萬物將自化。」這裡指出君王應依據道不干涉、不主宰的無為特質，「以百姓心為心」，讓百姓得以順其自性而生活。另外老子於〈五十七章〉亦言：「我無為而民自化，我好靜而民自正，我無事而民自富，我無欲而民自樸。」「無為」、「好靜」、「無事」、「無欲」皆意指君王不以己意主導人民的無為思想，而「自化」、「自正」、「自富」、「自樸」則意指人民得以展現其生命之本真。

在老子的思想中，道創生萬物實際上是讓萬物自行生長發展，這種開放性也正是老子所謂的「玄德」。而道任萬物自行發展的特質，乃延伸至政治上君王讓百姓得以實現其生命之本然。這種不加干涉、不加主宰的開放性，正是道的創生性所體現出的人文意涵；至莊子，則進一步將道的創生性藝術化。道為生生者，此生生者「刻雕眾形而不為巧」（〈大宗師〉、〈天道〉），展現「天地之大美」。莊子賦予道的藝術特性，影響了後世山水詩、山水畫等美感意涵的發展。

三　道的大化性及其人文意涵

老子言道「周行而不殆」（〈二十五章〉），指出道周而復始的變動性（「反者道之動」），同時體現為萬物生存發展的規律。莊子則更加關注萬物的變化，提出「萬化而未始有極」（〈大宗師〉）、「萬物皆化」（〈至樂〉）的論點。莊子的大化觀進一步延伸出幾點哲學意涵：其一，宇宙萬物既然不停地轉化，「神奇化為腐朽，腐朽復化為神奇」（〈知北遊〉），則不當以固定、靜態、對立的價值判斷及是非區別來認知事物。莊子於〈大宗師〉言：「夫知有所待而後當，其所待者特未定也。庸詎知吾所謂天之非人乎？所謂人之非天乎？」「特未定」指向了萬物的變化不已，而有所對應的靜態認知及二元區別，例如對於天與人的判分，根本無法彰顯萬物之真實，這一點正關涉了莊子對於成心的反省。其二，莊子的大化觀展現出生命應當洞察變化、參與變化、順應變化及安於所化（「觀化」、「參化」、「順化」、「安化」）的價值理想，以此超越生死之別。

四　道的整全性及其人文意涵

老子言「道生一」，「一」即具整全性意涵；莊子言「道通為一」，則更明確地論及道的整全性。相較於老子，莊子道的整全性，更具體展現出個體與整體間的諧和關係。例如，在〈德充符〉中，莊子提出「自其異者視之」的同時，也指出「自其同者視之」的觀點；換言之，既肯定「自其異者視之」之分別「肝膽楚越」的人間視角，同時更強調「自其同者視之」之「萬物皆一」的宇宙整體性視野。

關於莊子道論之調和個殊性與整全性，〈齊物論〉「恢恑憰怪，道通為一」的說法最為關鍵。這意謂著世界上的事物是千差萬別的，人與人之間彼此的對立、衝突、割裂、隔離，在道的世界裡都被打通、都可會合。道的同通性，在〈大宗師〉「坐忘」的寓言中再度被彰顯（「同於大通」）。

進一步言，〈齊物論〉「恢恑憰怪，道通為一」之說，在〈則陽〉被進一步理論化，並賦予它哲學命題的言說形式：「萬物殊理，道不私。」「萬物殊理」的命題，為萬物特殊的存在樣態及其運行的法則提供了理論基礎，「道不私」（「道者為之公」）則說明個殊的萬物之理是統合在整全的道之中，彰顯了道是一切存在之大全的意義。

五　道的境界性及其人文意涵

老莊之道，都具有作為人最終實踐的生命境界意義，這種境界指向天人合一的精神。老子的「人法地，地法天，天法道，道法自然」（〈二十五章〉）正體現人取法於道並以實踐道的內涵為生命實踐的最終境界。對於莊子而言，生命的實踐在於達到如大鵬展翅般的逍遙，這需要生命的層層轉換。無論是〈人間世〉「心齋」從「無聽之以耳」到「無聽之以心」，再到「聽之以氣」的層層轉化，還是〈大宗師〉中「坐忘」的層層「忘」，或是女偊層層「外」的工夫，這些都是讓生命最終達至逍遙之境，亦即道的境界。然而莊子道的境界不是遠離人間，不是高高在上作為信仰的崇高對象或思辨探求的絕對真理，而是可以在真實生活中實踐而出的真實境界。〈天下〉在論及莊子的境界時言：「獨與天地精神往來而不敖倪於萬物，不譴是非，以與世俗處。」正呈現出莊子境界之論中的人文精神。

六　結語

老莊之道首先是萬物生命的根源及依據，這一點顯現出老莊對於人生命根源之重視。實際上，人生正需要根源感。正如鄭板橋〈詠竹〉詩所言：

> 咬定青山不放鬆，立根原在破岩中。
> 千磨萬擊還堅勁，任爾東南西北風。

生命之所以能夠抵擋風雨摧折，同時愈挫愈勇，在於能夠掌握生命之根源。老莊的生命感雖未必如此熾烈，然而同樣肯定生命的活力乃源源不絕於道之生命根源中。老子言「歸根」與「復命」，亦言「既知其子，復守其母」，此中無論「根」、「命」還是「母」，皆展現出老子對於生命根源的重視。

除了生命之根源，老莊之道又指向天地萬物循環往復、遷變不已，同時又多元豐富的和諧整全。道這種流變性、和諧性及整體性的意涵，其實正是一種宇宙視野。這樣的宇宙視野，不但超越了個人自我中心性，也同時去除了人類中心主義的本位性及狹隘性。在老莊的道論中，生命是大鵬展翅般的開闊無垠，這樣的開闊性卻不是鄙視凡俗，而是以包容之胸襟，含納差異，同情生命，從中展現出大仁、至慈的人文關懷。

本文為二〇一一年十月中國道教協會舉辦《國際道教論壇》發言稿。刊於《中國道教》第五期，二〇一一年。

中國哲學中的道家精神

東周時代，人類陷入空前的危機，先秦諸子在具有深厚人文精神的文化土壤上，思考解救人類之道，從而形成思想史上百家爭鳴的黃金時代。那時期道、儒、墨、法提出眾多的哲學議題，如：天人關係、內聖外王，以及尚中和諧的人生態度等，各家抒發己見，其相互會通之處，經歷代哲學家的推衍闡發而形成世界文明中獨特形態的中國哲學精神。

當代中國哲學前輩多位論及中國哲學精神，例如：張岱年先生言及「中國哲學的基本精神」時，列舉最重要的四點，即天道生生、天人合一、人格價值、以和為貴。[1]再如，余敦康綜合金岳霖、馮友蘭、熊十力三位哲學家觀點時說：

按照他們所說，中國哲學的精神，就是一種從對立求統一的精神，是一種從天人之分中把握天人之合的精神，是一種具有宇宙意識又有人文情懷的極高明而道中庸的精神，也是一種洋溢著乾健與坤順相結合的綜合之美的精神。[2]

又如方東美先生在課堂上談到中國哲學精神時，強調要把握哲學的內在精神。他還指出哲學不是單軌發展的：

在中國，要成立任何哲學思想體系，總要把形而上、形而下貫穿起來，銜接起來，將超越形上學再點化為內在形上學，儒家中人不管道德上成就多高，還必須「踐形」，把價值理想在現實世界、現實人生中完全實現。道家固然非常超越，但是到最高境界時，又以道為出發地，向下流注：「道生一，一生二，二生三，三生萬物。」（〈四十二章〉）道家理想亦須貫注到現實人生中。[3]

1 張岱年，〈中國哲學發展的道路與前景〉，《心靈與境界》（西安：陝西師範大學出版社，二〇〇八年），頁一二九。

2 余敦康，〈回道軸心時期—金岳霖、馮友蘭、熊十力先生關於易道的探索〉，《內聖外王的貫通》（上海：學林出版社，一九九七年），頁五五〇。

3 方東美，《原始儒家道家哲學》（臺北：黎明文化，一九八三年），頁一八。

先秦儒道由同源而分流，由對立交參而會合，漢魏之後，儒道兩家逐漸成為中國文化與哲學的代表者。上述各家觀點，基本上是綜合漢、宋以來儒道交會所形成的中國哲學基本精神。以張岱年先生所舉四項為例，儒道各有其獨特的人格價值；儒家倡導「以和為貴」，主要著重於人際間的和諧關係，而道家除了重視「人和」之外，更由宇宙的和諧（「天和」）談到心靈的和諧（「心和」）；至於各家都提到的「天人合一」，其思想境界主要創發於莊子；所謂天道生生思想，則源於老莊而非孔孟，「道生萬物」的觀念首先由老子提出，莊子繼之稱道為「生生者」，《易傳》所使用的「生生」概念，乃直接繼承莊子而來，因此「天道生生」的觀念三玄是一脈相承的。

本文只從老莊思想中，列舉道家哲學精神最具獨到之處的四點：一、寬容胸懷；二、個性尊重；三、齊物精神；四、異質對話。闡述如下：

一　寬容胸懷

春秋戰國為中國哲學之開創期，在文化史上承先啟後的孔子和哲學創始者老子處於同時代。春秋末葉，老子玄思冥想的智慧和孔子「有教無類」的誨人精神，交相輝映，揭開了中國古代文化哲學的序幕。

老子和孔子在思想上互放異彩，常使我想起《莊子．田子方》的一段寓言。這寓言寫溫伯雪子前往齊國，歇足在魯國，孔子欲前往拜訪。起初溫伯雪子不願意會面，說：「吾聞中國之君子，明乎禮義而陋於知人心。」這裡莊子依託道家人物溫伯雪子指出儒家的長處在於「明乎禮義」，短處則為「陋於知人心」。等到溫伯雪子與孔子會談之後，彼此卻相互欣賞。

這個寓言中的重言，似乎是對「孔子問禮於老聃」[4]情景的描繪，在孔老的會談中，體現了中國哲學史上首次異質對話的寬容精神。

《莊子．天下》論述老子思想風格時，正是稱讚老聃「常寬容於物，不削於人，可謂至極！」戰國晚期，《呂氏春秋．貴公》提出了一個劃時代的主張：「天下非一人之天下也，天下之天下也。」而老聃有容乃大的「至公」精神受到高度讚揚；這篇

4　孔、老相會的歷史事實，先秦典籍中多所記載，《莊子》之外，儒家典籍《禮記．曾子問》有四處記載，《呂氏春秋．當染》亦載：「孔子學於老子。」

文章中，又以「荊人遺弓」的故事，[5] 談論老、孔的廓落心胸，並細緻地指出兩者的寬大心境在層次上的差別：孔子具有超越國族的視野，老子則有胸懷天地的視域。

老子倡導「容」、「公」的精神，他說：懂得守住常道才能包容一切，包容一切才能廓然大公，廓然大公才能周遍萬物。[6] 他又說：聖人不固執己見，以百姓的意見為意見。善良的人，我善待他；不善良的人，我也用善心對待他，這樣可使人人向善。守信的人，我信任他；不守信的人，我也用信心對待他，這樣可使人人守信。[7] 這些話流露出老子對百姓廣大的同情心與愛心。

老子的容公精神，正是他那包容大度的思想人格的流露。

> 江海之所以能為百谷王者，以其善下之。（〈六十六章〉）

寬容謙納正是老子所最具典範性的人格氣象。老子的江海胸懷及其恬退自養、靜定致遠、敦樸厚實的人格特質，對後世產生廣泛而深遠的影響。

老子寬廣的胸懷開創出他那前人所未有過的宇宙視野。老子思想視野最特出之處，這裡僅舉這兩個方面：一是他首次提出萬物存在根據的「道」。在他的道論中所建構的宇宙生成論和本體論，為歷代哲學家所繼承而發展。[8]二是老子系統化地應用「相反相成」的辯證思想方法，開廣了人類的視域，深化了人們的思考。老子洞察到世事反覆交變，對立面總是在相互運轉著：「禍兮福之所倚，福兮禍之所伏。」（〈五十八章〉）老子這經驗智慧，有助於我們在人生逆旅上增強抗壓的承受力，培養堅忍負重的意志力。

老子提示事物正面的狀態蘊含著反面的成分，這雙向思維有助於打破人們單邊思考的習性；老子的逆向思維，從事物的顯相透視到隱相，從表層結構注視到深層結構，為人們打開了一扇前所未有的多維視角的思想領域。

5　《呂氏春秋．貴公》：「荊人有遺弓者，而不肯索，曰：『荊人遺之，荊人得之，又何索焉？』孔子聞之曰：『去其「荊」而可矣。』老聃聞之曰：『去其「人」而可矣。』故老聃則至公矣。」

6　〈十六章〉：「知常容，容乃公，公乃全。」

7　〈四十九章〉：「聖人無常心，以百姓心為心。善者，吾善之；不善者，吾亦善之；德善。信者，吾信之；不信者，吾亦信之；德信。」

8　誠如張岱年先生說：「從戰國前期直至清代，『道』都是中國哲學的最高範疇。而這個最高範疇是老子所提出的。應該肯定，老聃在中國哲學史上具有崇高的歷史地位。」張岱年，〈論老子在哲學史上的地位〉，《心靈與境界》，頁一八七。

開闊的思路與寬廣的胸懷是相互聯繫的。老子的逆向思維和雙向思考，在《莊子》中得到更進一步的發揮。例如〈齊物論〉說：「物無非彼，物無非是。自彼則不見，自是則知之。故曰彼出於是，是亦因彼。彼是方生之說也。」莊子認為任何事物都是具有相互依涵的雙向關係，在反對獨斷論和絕對主義的基礎上，更廣泛地突出老子的相對性思想。

莊子和孟子同時代，兩人處於戰火綿延、生靈塗炭的戰國中期，各自建立起獨特形態的心學，匯成一股以關懷生命為主題的時代思潮。但兩者對於言論的寬容度上，則形成鮮明的對比，莊子延續老子「容」、「公」的精神，而倡言「萬竅怒號」、「吹萬不同」，持「莫若以明」的開放心胸，對百家異說採取相容並蓄的態度。孟子卻衛道心切，未能繼承孔子「毋意、毋必、毋固、毋我」的謙虛精神，竟將「攻乎異端，斯害也矣」（《論語．為政》）之說過度擴大化，孟子對楊朱、墨翟不同學派的強烈抨擊[9]，表現出對不同學派缺乏寬容的度量。[10]

孟子對異己之見的排斥，開啟漢儒「罷黜百家，獨尊儒術」之先聲。然而，在董仲舒發出箝制言論實施文化專制政策的同時，我們又看到了淮南王繼承老莊的寬容胸懷，發出百家競進、廣開言路的呼聲。《淮南子．泰族訓》宣稱：

天不一時，地不一利，人不一事，是以緒業不得不多端，趨行不得不殊方。五行異氣而皆適調，六藝異科而皆同道。

董仲舒則主張：諸不在六藝之科，孔子之術者，皆絕其道，勿使並進。（〈對策三〉）這種正相對反的觀念，開啟了儒、道間經常呈現出文化一元主義和文化多元論的交叉並立的進路。

漢代道家所展現的開闊學風，為魏晉新道家所發揚。正始年間，王弼在儒家經學

---

9 《孟子．滕文公下》：「楊朱、墨翟之言盈天下；天下之言不歸楊則歸墨。楊氏為我，是無君；墨氏兼愛，是無父也；無父無君是禽獸也！」

10 張岱年先生曾批評孟子排斥異己的態度，說到：「孟子『辟楊、墨』，罵楊、墨是無君無父的禽獸，表現了偏狹的態度。」〈從孟、莊看學派論爭〉，《心靈與境界》，頁二七八。方東美先生也批評孟子：「不從學術的立場，去指正出楊墨的錯誤，而逕斥其『無父無君』比之為『洪水猛獸』。其實，墨家的思想無論從宗教方面或科學方面，即使是哲學方面，就學術史而言，都有很重要的成就。而孟子一舉抹煞他們的價值……儘管孟子有『浩然之氣』……卻也缺少寬容的心靈，在中國學術史上，成為道統觀念的始作俑者。」《新儒家十八講》（臺北：黎明文化，二○○四年），頁四二一。

崩解及諸子學興起的新時代中，繼承黃老道家「殊途同歸」的旨意，[11]而提出「得意忘言」的詮釋方法，[12]融合《易》、《老》、《莊》三玄及會通孔、老，[13]呈現出開闊的學術視野。其後，晉代郭象繼而以「會而共成一天」之說，將莊子天籟的寬容精神再度呈現出來。由於三玄四典深富思辨性和抽象性的哲學思維，其後歷代哲學家多借助於三玄之議題及其思想觀念和方法，為其理論建構之基石。

從老莊到王弼，寬容胸懷所締造的開闊學風，使異質文化的佛學得以順利入土中原，其後宋儒又借助佛、道之形上學理論以建構其宇宙本體論。由是，唐宋之後儒、釋、道由並存而交融，形成一部以「道」為中堅思想[14]的哲學史。

二　個性尊重

成為中國哲學史上中堅思想的老莊之道所具有的自主性、自發性及其容公精神，落實到經驗世界時，便成為現實人生活動的哲學理論依據。這樣，當儒、墨強調社會生活的同時，老莊的個性自覺與獨立精神，亦為時代所需要而音聲響徹千古。

當寬容自由、平等交流、個性尊重已成為我們當今生活中的公共精神時，老莊的經典生命便不斷地向我們釋放出新的意義。羅素在《中國問題》書中，從個性自由的視角論及老子「道法自然」的話語，他的話是這樣說的：

> 老子、孔子雖然同處於西元前六世紀，但已具備了今日中國人的個性特點。……中國最早的聖人是老子，道家的創始人。……我對於他的哲學比對孔子的要有興趣。他認為每個人、每個動物乃至世間萬物都有其自身特定的、自然的方式方

11 王弼《老子指略》中論及法、名、儒、墨、雜各家的長處和缺失時，繼承《易・繫》及司馬談〈論六家要指〉旨趣，亦謂「途雖殊，必同其歸；慮雖百，必均其致」。

12 王弼《周易略例・明象》提出「尋言觀象」、「尋象觀意」、「得象望言」、「得意忘象」等命題。其中「得意忘言」成為王弼解說經典建立自己哲學體系的詮釋方法。參看拙文〈從「得意忘言」的詮釋方法到譜系學方法的應用〉，《中國哲學與文化》第五輯，二〇〇九年，頁三至二七。

13 如王弼《論語釋疑》：「道者，無之稱也，無不通也，無不由也。」見樓宇烈，《王弼集校釋》（臺北：華正書局，一九九二年），頁六二四。

14 金岳霖《論道》：「每一個文化區都有它的中堅思想，每一中堅思想有他的最崇高的概念，最基本的動力。……中國的中堅思想似乎儒、道、墨兼而有之。」又說到：「中國思想中最崇高的概念似乎是道。所謂行道、修道、得道，都是以道為最終目標。思想與感情兩方面的最基本的原動力似乎也是道。」《論道》（北京：商務印書館，一九八五年），頁一五至一六。

法。……莊子比他的老師更讓人感興趣。他們所提倡的哲學是自由的哲學。[15]

羅素所說的「每個人都有其自身特定的方式」，我認為正是老子「道法自然」的意思。[16]

「道法自然」，即道遵行自然，乃是遵行自己存在的活動方式，依據其自身存在的方式自由運行，這正是體現道的自發精神。讓我們從文本的語境中來看《老子》所表達的重要意義：

> 道大，天大，地大，人亦大。域中有四大，而王居其一焉。人法地，地法天，天法道，道法自然。（〈二十五章〉）

在這文本中，老子提出了兩點重要的意涵。首先，老子將人的地位提升到宇宙中的四大之一，在思想史上這是史無前例的；其次，老子要人效法地的厚重、天的高遠以及道的自主自為的精神。這兩層意義和西方宗教高揚上帝的絕對威權以及視人為其被造物相對比，更加突顯出老子在人文思想發展史上的特殊意義。

在闡發道與萬物自發精神的觀點上，老子更進一步的做了這樣的論述：

道之尊，德之貴，夫莫之命而常自然。故道生之，德畜之；長之育之；亭之毒之；養之覆之。生而不有，為而不恃，長而不宰，是謂「玄德」。（〈五十一章〉）

在上述文本中，老子提出了三點重要的哲學意涵。第一，道與德之所以尊貴是由於道對這世界發揮了創造的功能，德則盡其畜養的功能。第二，老子尊道的同時，又提出貴德的思想，「貴德」是重視個體意識的體現，此德具有「生而不有，為而不恃，長而不宰」的精神，老子稱讚它為「玄德」——個體深遠的獨特性。第三，老子明確提到道的「莫之命」——對萬物不加干涉而任其自為。道之「莫之命」的精神和

15 羅素著，秦悅譯，《中國問題》（上海：學林出版社，一九九六年），頁一四八至一四九。

16 拙文〈道家的人文精神〉中對「道法自然」做了這樣的詮釋：「老子謂『道法自然』，就是河上公所說的『道性自然』。所謂道性自然，借莊子的觀點來說，道是自本自根、自為自成的。以此，道性自然是彰顯道的自主性、自為性，人法道的自然性，實即發揮人內在本有的自發性、自由性。」《道家文化研究》第二二輯（北京：三聯書店，二〇〇七年），頁七五至一一三。

西方宗教哲學上的「絕對命令」形成強烈的對比，也更加彰顯了道家的人文精神。

由老子的「道法自然」到莊子的「萬物殊理」（〈則陽〉），這重要的命題給予個體特有的存在方式以哲學理論的保證。老子倡導個體的自由活動而提出「自然」、「自化」之說，這一思路到莊子獲得更大的發揮。

莊子強調道的「自本自根」（〈大宗師〉），又倡言「物固自生」（〈在宥〉）、「物固自化」（〈秋水〉）。《莊子》對於萬物的自性、個體的殊異的發揮格外突出，如〈田子方〉「天之自高，地之自厚，日月之自明」；〈秋水〉中河伯與海若第四次的對話中強調各物的「殊性」、「殊技」；最著名的莫過於〈至樂〉中「魯侯養鳥」的寓言，[17]再次地闡揚尊重個體的差異。

道家在個性的尊重到主體性的建立，而至於倡導互為主體，這些主張在莊子的思想中被格外地顯揚。

三 齊物精神

〈逍遙遊〉要在主體性自由的闡揚，而〈齊物論〉則由個體的尊重、主體性的建立到互為主體的論述。所謂「齊物」乃不齊之齊，乃殊異中求其同通；雖然說「道家注重個體」[18]，但也重視整體的協同關係。〈齊物論〉的三籟正是天、地、人發出不同的音響而共譜一曲和諧的大樂章。

〈齊物論〉的主題在於闡發萬物平等的思想。從遠古到現代，「自由」、「平等」一直是人類嚮往的美好情景，莊子說「以道觀之，物無貴賤」（〈秋水〉），而「物無貴賤」的提出是為了打破人間政治、社會中等級差異的觀念，這一理想在長期的專制政體與宗法封建制度的歷史進程中，一直是激盪人心的。清末民初，當這些理念成為我們當代不可阻擋的人文思潮，嚴復引進「自由」、「民主」思想觀念的同時，便已注意到將它們與老莊母體文化的結合；章太炎則在〈齊物論〉中找到「平等」的思想與道家的接合。〈齊物論〉不僅隱含著自由平等的因素，我們還可以在其中尋找到許多隱含性的當代哲學問題，如共相與殊相的問題，以及在現實生活中的群

17 《莊子．至樂》：「昔者海鳥止於魯郊，魯侯御而觴之於廟，奏九韶以為樂，具太牢以為膳。鳥乃眩視憂悲，不敢食一臠，不敢飲一杯，三日而死。此以己養養鳥也，非以鳥養養鳥也。夫以鳥養養鳥者，宜栖之深林，遊之壇陸，浮之江湖，食之鰌鰷，隨行列而止，委蛇而處。」

18 馮友蘭，《三松堂全集》第四卷（鄭州：河南人民出版社，二〇〇〇年），頁九〇。

己關係問題。

我曾撰文論述〈齊物論〉的篇旨，現在僅就「齊物」精神從兩個方面說說：一是「齊」與「不齊」的問題；二是殊相與共相、整體與個體的問題。簡述如下：

「齊」與「不齊」的問題

孟子批評農家觀點時曾提到「物之不齊，物之情也」（〈滕文公上〉），而莊子的齊物精神，正是建立在萬物不齊的基礎上。〈齊物論〉開篇忽然凸出「天籟」、「地籟」、「人籟」的議題，三籟之旨，正是寓「齊」於「不齊」。三籟中莊子虛寫天人之音（「天籟」、「人籟」），而實寫大地「萬竅怒號」。此中莊子依託於地籟的「萬竅怒號」與天籟的「吹萬不同」，形象化地影繪人間議論的蜂擁而出，莊子認為只要出自於開闊的胸懷，[19] 無論是誰發出的言論都有他的視角意義，而不齊的物論都有其特殊的價值。

〈齊物論〉中有這幾句表達其主題思想的話：「物固有所然，物固有所可。無物不然，無物不可。」這正是齊物精神的表述——肯定每個個體生命都有他的存在意義，都可釋放出他的生命價值。

整體與個體之間的關係

在莊子看來，宇宙間一切物象，生意盎然，各呈其能。然而個體存在顯現出無比的差異性、對立性，又如何相互會通融合呢？因而闡揚個體生命價值的同時，個體間的相互交會而互為主體，便是莊子進一步要思考的重要問題。以此，在肯定個體生命的生存意義與價值論述之後，莊子便接著論及個體的多樣性與大道的整全性關係，他提出古典哲學中一個極其重要的命題：「道通為一。」讓我們從這段文本語境意義中揭示其隱含的現代意義：

> 故為是舉莛與楹、厲與西施，恢恑憰怪，道通為一。
> 唯達者知通為一，為是不用而寓諸庸。（〈齊物論〉）

上述文本，先從殊相講到共相，而後又從共相講到殊相。「恢恑憰怪，道通為

19 〈齊物論〉中的重要語詞「眾竅為虛」、「莫若以明」、「十日並出」都是開放心靈的寫照。

一」，是說眾多個體生命在宇宙大生命中相互會通；「知通為一」、「而寓諸庸」，是說在宇宙大生命中，讓無數的個體生命得以發揮各自獨特的功能，而共同匯聚成為一個多彩的世界。

〈齊物論〉這「道通為一」、「而寓諸庸」的哲理，對於全球化思潮衝擊下的現代人，也有著諸多的啟發：我們現在所處的世界，多達千百個不同歷史文化、生活方式的民族，以及不同政治制度、社會價值的國家。從全球視野來看，世界上各色人等既已成為一個相互聯繫的整體，那麼如何承認這殊異多樣的文化載體？「道通為一」正是要不同族群，彼此之間能在同情了解的基礎上進行對話與溝通，這正是莊子「道通為一」、「為是不用而寓諸庸」所提示的重要課題。

在〈齊物論〉後文，有一則瞿鵲子與長梧子的對話寓言，提出萬物要「相尊」、「相蘊」。當今世界各族人群如何相互尊重，相互蘊含，這正是莊子寄齊於不齊的「齊物」精神。

四　異質對話

一九九三年第十九屆世界哲學大會，閉幕時鄭重地宣布一九九五年為世界寬容年。[20]二〇〇一年「九一一」事件後，我們更加意識到當今全球化趨勢的思潮下，不同國家、不同民族之間尤其需要「寬容」地進行異質文化的對話。

回顧我們自身的歷史，一部中國哲學史，可以說常在不同學派之間進行異質性對話。中國哲學的開創期，道、儒、墨、法各家相互論辯，相互交會。而哲學的開端，孔子和老子這兩位儒道始祖的會談，便已創下中國哲學史上不同學派間異質性對話的範例。

孔子和老子可以說是作為中國文化和中國哲學最具有代表性的人物，雖然學術觀點不同，[21]但追求人生理想的方向正是殊途而同歸。老子「尊道而貴德」，孔子倡言「志於道，據於德」，老、孔道德之旨，內涵雖異，層次有別，但都可互補而會通。

---

20 騰守堯，《對話理論》（臺北：揚智文化，一九九五年），頁九。
21 如《呂氏春秋．不二》：「老聃貴柔、孔子貴仁。」

誠如《漢書．藝文志》所說，諸子之言「相反而皆相成也」。

金岳霖先生在《論道》緒論中說，每一個文化區都有它的中堅思想，都有它最崇高的概念、最基本的動力。而中國的中堅思想就是「道」，「道」不僅是中國文化的核心觀念，亦經由老莊而提升為中國哲學的最高範疇，兩千年來歷代哲學家莫不依循著「道」這一中堅思想進行思考。

作為一切存在基礎和宇宙秩序的「道」，創始於老子，經由莊子擴而充之，有著兩個重要面向的發展。其一，將老子客觀實體意義的「道」提升為主體的精神境界；其二，將老子「玄之又玄」的形上之道，普化到人間，落實於人心。[22]

在〈知北游〉東郭子問道的對話中，莊子宣稱「道」無所不在，並提出「道物無際」的學說。「道無所不在」的提法，對後代產生深遠的影響，如佛教「草木成佛」說、[23]道教「一切含識，皆有道性」說，[24]以及禪宗「擔水砍柴，無非妙道」、泰州心學「百姓日用是道」等名言，皆導源於莊子。

老莊之「道」成為歷代哲人所遵循的中堅思想，它具有多重的意涵，除了一般哲學上常提到「道」作為世界的本源和萬物本根的意義之外，個人認為還有四點重要的意涵，那就是「道」的創生性、歷程性、整全性和境界性，略說如下：

就「道」的創生性而言，「道生萬物」的思想最早由老子提出，莊子稱「道」為「生生者」，並讚賞這「生生」之道為「覆載天地，刻雕眾形」，乃大「仁」大「義」的藝術活動。《易傳》使用「生生」來解釋易道，正是承接莊子「生生者」的觀念而來。[25]在《老》、《莊》及《易傳》三玄同一學脈思想的推動下，「生生不息」乃成為中華民族精神的象徵。

就「道」的境界性而言，個體生命在價值取向和活動領域上都有不同的範圍，有的限於形軀我，有的推展到社會我，有的則由個體我擴廣到宇宙我。儒家學說由個體我經家庭我而恪守社會我的責任；道家莊子則強調重視個體生命價值，由個體我提升到宇宙我。由此可以從長遠的歷史文化中，發現儒、道的互補性，例如莊子萬物一體

22 〈人間世〉曰：「唯道集虛。虛者，心齋也。」「虛」，喻空明清虛的心境。

23 「草木成佛」為宋代天臺知禮所提出的著名命題，此說與道家思想理脈相通。詳見孫以楷主編，《道家與中國哲學》宋代卷（北京：北京人民出版社，二〇〇四年），頁八八至九四。

24 孟安排，《道教義樞・道性義》：「一切含識，乃至畜生果生石者，皆有道性。」

25 〈繫辭〉：「天地之大德曰生。」這思想觀念也是來自《莊子》（如〈達生〉曰：「天地者，萬物之父母也。」〈至樂〉曰：「天地相合，萬物皆化生。」）。天地生物之德及萬物「化生」的思想，屢見於《莊子》書而偶然出現於《易傳》。

的境界到張載〈西銘〉中「民胞物與」的精神[26]可以說蘊含了墨子兼愛思想、莊子天人一氣和孟子「老吾老、幼吾幼」倫理觀思想的匯合，表現出多元觀點的融合。

就「道」的歷程性與整全性而言，老莊視宇宙為一大化發育的過程；老子用「反者道之動」、「周行而不殆」來形容道體周而復始的變動性，莊子更從「萬化而未始有極」來論說宇宙事物不停地流徙轉化，神奇化為腐朽，「腐朽復化為神奇」（〈知北遊〉）。莊子從「道」的歷程性闡發宇宙的大化流行，又從道的整全性（「道通為一」）中說宇宙為一變動不息且彼此聯繫的整體。

以道觀之，世界乃是一個生生不息的有機整體；天與人不是分離割裂的，形上與形下乃是相互貫通的聯繫體。在中國哲學史上，這一「道物無際」的有機整體的宇宙觀，發端於老莊而經過歷代無數哲人的補充發展，而形成中國哲學的中堅思想。

東西方文化哲學無論是世界觀和人生觀，以至社會制度和生活方式，的確存在很大的差異。自二十世紀以來，以「道」為核心的中國文化與以「Logos」為中心的西方哲學思維，從懷特海的時代到海德格（Martin Heidegger, 1889-1976）和老莊思想的會通，開啟了東西方異質性對話的通道。

一九二九年懷特海剛完成《過程與實在》（*Process and Reality*），正在哈佛大學

（Harvard University）深造的賀麟先生和沈有鼎、謝幼偉一道訪問他，懷特海關心中國人現在是否還讀老子和孔子的典籍，因為依他看來：「文化是有繼續性的，新文化的建立，是不能與古典的傳統脫節的。」懷特海說，他的著作裡面蘊含著中國的天道觀[27]。懷特海的有機體世界觀及其批評西方傳統哲學將「自然兩極化」的觀點，在方東美先生一系列的著述中有著顯著而精闢地回應。[28]

當代西方哲學家海德格所受老莊概念啟發，為中西學者所樂道，在眾多思想交流的議題中，我個人最欣賞的是海德格有關莊子「濠上觀魚」故事的詮釋。海德格在一九三〇年之前，已經讀過《老子》和《莊子》，同年，他做了一次以〈真理的本質〉為題的演講，在這篇演講的初稿中，海德格引用《老子．二十八章》「知其白，

26 錢穆說：「〈西銘〉大理論，只說萬物一體，其實此論並非儒家言。……孟子只主張一種人類同情心之推擴，並未說天地萬物本屬一體。……說萬物一體者，為莊周與惠施。」錢穆，〈濂溪百源橫渠之理學〉，收在《中國學術思想史論叢》卷五（合肥：安徽教育出版社，二〇〇四年），頁六一至六二。

27 詳見賀麟，〈懷特海〉，《現代西方哲學講演集》（北京：人民出版社，一九八四年），頁一〇三。

28 參閱苑小平，《方東美與中西哲學》第十三章〈方東美與懷特海哲學〉（合肥：安徽大學出版社，二〇〇八年），頁二〇七。

守其黑」，藉以說明真理之遮蔽與開顯的關係。[29]演講的隔日，海德格在友人家中的一個討論會上，講到「共同存有」（mitsein）問題時，涉及到「一個人是否能站在他人立場去理解他人」，這時海德格忽然想起莊子，向友人索取《莊子》的德文譯本，海德格當場讀了〈秋水〉有關莊子和惠子對話中論「魚之樂」的故事。由這故事，海德格讓人理解到，開敞的真理觀，才能把握到真理的本質，真理的本質是自由的，是進入一種物我相忘的敞開之境（das offne）。[30]

自海德格之後，已有不少歐陸哲學家對「西方中心論」進行反省思考，為東西方哲學對話奠定了良好的基礎。由哲學對話落實到現實世界，當今在全球視域下的東西方文化，需要進行多層次的異質性對話。

在中西文化中，最能夠在異質文化間進行對話的，莫過於莊子。《莊子》一書可以看到他不停地運用異質性的對話來表達人間哲理。[31]

在中國異質文化交流的歷史上，莊子的思想曾經起過良好的作用。佛學思想進入中土，道家有接引之功；莊、禪的會合更在隋唐產生了輝煌的文化成果；北宋儒學明確排斥佛老，卻暗中援引莊子，無論在理論的建構和精神境界的提升上，都產生巨大的作用。今天，我們遇到了比佛儒更具有強烈異質色彩的西方文化，中西對話的工作，需要儒釋道共同來承擔。[32]而在承擔之中，莊子思想最具關鍵性，因為他那開闊的心胸和審美的心境是我們這個世界最為欠缺的，他所具有的宇宙視野最能和全球化視域相對應，而他所倡導的自由精神和齊物思想則最具現代性的意義。

二〇〇九年七月中旬臺灣中國哲學會及輔仁大學哲學系主辦《第十六屆國際中國哲學大會》，本文為七月九日「主題演講」所作。七月一日初稿，十一日修訂，八月二十四日修訂完稿。

29 參見鍾振宇，〈德國哲學界之新道家詮釋—以Heidegger與Wohlfar為例〉，《中央大學人文學報》第三十四期，二〇〇八年，頁三七。

30 賴賢宗，《道家禪宗與海德格的交涉》（臺北：新文豐出版股份有限公司，二〇〇八年），頁三一一。

31 下文引自拙著《莊子今註今譯》（北京：中華書局，二〇〇九年），頁七。「最新修訂重排版序」中的一段話，作為本次主題發言的結束語。

32 近一世紀以來，由於人類的貪婪造成工業的污染，不斷地毀損地球生命。所產生的後果，需要全人類來共同承擔。事實上，兩千多年前的莊子已經在「魯侯養鳥」、「渾沌之死」、「鸖缺問王倪」等寓言中，指出「人類自我中心」導致於其他別種生命的漠視與侵害。在人類責任的共同承擔之中，道家的生活智慧已不斷地向世界傳出它的聲音。

道家的人文精神——從諸子人文思潮及其淵源說起

先秦哲人老子、孔子、墨子、孟子、莊子、荀子、韓非子，在人文思潮激盪的文化整體中脫穎而出，恰像尼采形容蘇格拉底（Socrates, 469B.C.-399B.C.）之前的哲人，創造出一個驚人理想化的哲學群體，有如用「一塊巨石鑿出的群像」。[1]

不過學界人士思考文化哲學問題時常會呈現單一化的傾向，例如只要提到「人文」議題就將它歸入儒家範圍，而排斥其他各家各具不同的人文內涵。這種情況可能是學者們不自覺地受到魏晉「自然」與「名教」的劃分所導致，誤以為人文教化專屬儒家，而道家則框入「自然」的範疇內。事實上在先秦時代，自然與教化、天道與人事（人道），兩者相互涵攝，並不像東漢至魏晉時期那樣尖銳對立。就以道家創始者老子來說，他常託天道以明人事，固然他首創形上道論，但他最終目的仍在於人道的重建，而且道家所崇尚的自然，並非物理的自然，乃是人文的自然。而且道家也不排斥教化，老莊提倡「不言之教」，乃是強調潛移默化，具有更深層的人格轉移功能。從思想層面來看，自春秋以來的老學到戰國中期以後的莊學以及博採眾長的黃老，其人文內涵的豐富，與儒墨名、法諸家互放光芒。

本講題擬論述這幾項重點：一、我們將中西哲學做一對比，立即發現到西方思想界無不以「上帝」作為一切價值的根源與準則。西方歷代哲學家雖展現出高度的理性思維能力，但其思想體系的建構，總要搬出造物主來作為其理論的最後保證，自柏拉圖（Plato）以降，乃至康德（Immanuel Kant）、斯賓諾莎（Baruch de Spinoze），無一能免於「幻影崇拜症」，一直要到十九世紀的尼采，才敢於宣稱「上帝之死」。尼采一語中的地指出，西方傳統哲學注入了過多的神學的血液。[2] 相形之下，中國的文化

1 尼采著，周國平譯，《希臘悲劇時代的哲學》（*Philosophy in the Tragic Age of the Greeks*）（北京：商務印書館，一九九四年）。

2 尼采說：「我們整個哲學血管裡具有神學者的血液。」《反基督》第八節。

傳統和哲學精神則湧現出多樣性的人文思潮。[3] 中國哲學自老莊開始，便已將天神上帝的觀念逐出其形上道論之中，使其人文思想在百家爭鳴中尤具特色。二、從世界文化史的角度來看，中國人文思想的產生，有它十分獨特的歷史地位。就以西方思想界而言，它們要到近代才出現對抗神本思想的「人文主義」和「人本主義」，而中國則早在西元前六世紀至前三世紀，就已湧現出作為先秦諸子時代精神的人文思潮。三、道、儒、墨、法先秦諸子各自創構出不同思想形態的人文內涵，自春秋末至戰國晚期匯成一股時代思潮。儒、墨、道、法諸家的人文思想，在文化領域內各放異彩，道家則把文化層面的人文思想，進而提升為哲學理論的人文精神。

一　哲學前期人本思想的濫觴

先秦諸子的人文思想在春秋戰國之際交匯成一股強大的時代思潮，除了受到當時政治社會環境激發的主因之外，也有著長期醞釀的歷史因素。於此，我們先探討殷、周之際以降人本觀念呈現的思想線索。

殷周之際思想文化的兩條主線

我在哲學系求學期間，在課堂上常聽到方東美先生批評胡適寫的中國古代哲學史是部斷頭史，只從諸子開端而未及追溯他們的思想淵源。因此，我在論及先秦諸子人文思潮時，曾費了許多時日探溯古代人文思潮形成的歷史線索，從《詩》、《書》、《易》等典籍及《左傳》、《國語》等文獻中，理出哲學前期思想文化的兩條主線：其一是周公至孔子倫理思考的人道觀之形成過程；其二是自殷至周代自然義天道觀的形成過程。老子則綜合兩者而將它們統攝在他的宇宙本體的道論中，茲分項簡述如下：

3 當人們提到人文思想時，也常互用「人文精神」與「人文主義」的語詞。「人文精神」的語詞，由「人文」與「精神」構成，最早出現在戰國時代的典籍，「精神」一詞為莊子所創，屢見於《莊子》書；「人文」一詞，見於老莊自然觀影響下的〈彖傳〉。而「人文主義」的語詞，則為西方Humanitism譯語，近代歐洲文壇，以人本論反對長期籠罩思想界的神本觀念，提出個性解放的要求，肯定現實生活與人間幸福，從而否定教會宣揚來世說與禁欲主義，以及人一生下就有罪孽的教義；同時，人文主義提倡人與人之間的平等及自由意志，主張以人的品質決定人的地位。中國古代的「人文思想」、「人文精神」與西方近代的「人文主義」有許多相似的論點，但卻有其不同的文化傳統。本文僅限於論述中國先秦時期人文思想的淵源及其發展，且著重在道家這一條思想主線上。

周公、孔子倫理思考的人道觀之形成

中國文化有文字紀錄始於殷代，殷代出現一個在世界文化史上最具獨特形態的宗教，那就是祖先崇拜。由祖先崇拜而產生宗法倫理的觀念，在殷代卜辭中已發現「德」、「禮」、「孝」等字，殷人將「孝」作為一個德目，很值得我們注意。老子強調「孝慈」、孔子提倡「孝悌」，孝道觀念最早可追溯到殷代以前。

殷人祖先崇拜促成宗法倫理觀念的興起，周代奪取殷政權後，文王的兒子周公旦則在文化上做出開創性地繼承，[4]他一方面在天的信仰中將政治和道德結合，在「以德配天」的理論下，提出「敬德保民」的思想。另方面周公制禮作樂，建構一套完整的典章制度，即所謂「周禮」或「周公之典」，以「尊尊」、「親親」的倫理觀念為支柱。「親親」主要講家庭倫理，提倡親屬間發揮慈、孝、友、悌等德行；「尊尊」主要是宣揚臣民對君主的忠順。

周公將殷人祖先崇拜的宗教信仰，轉化為以血緣為基礎的宗法制，又將宗法倫理觀念納入金字塔階層的等級制中，形成一套君臣、父子、尊卑、貴賤的禮儀制度。周公的政治倫理化——宗法倫理之制度化的措施——對後代儒家及中國文化產生無比深遠的影響。尼采說柏拉圖是「先於基督的基督徒」，套用這話，我們也可以說周公是

「先於儒家的儒家」。孔子的「夢周公」是不無道理的，他的德治思想基本上是沿襲周公所開創的理路。

殷周文化中自然義天道觀的形成

殷人由祖先崇拜而呈現的宗法倫理觀念，經周公之制禮作樂而制度化地普及於政治社會各階層，這一條倫理中心思考的人道觀，至孔子而愈加彰顯。殷周之際，還出現另一條思想線索，那就是自然意義的天道觀之萌芽，經周代伯陽父、叔興等史官之闡釋，至春秋末史官老聃而愈加突顯。

殷人祖先崇拜所導出的宗法倫理觀念之外，另一方面的文化成就就是對天文曆算知識的掌握。講科學史常先講科技史，從出土和傳世的青銅器之精美，無人不讚歎殷代器物文化之高度發展，殷人在這硬體文化之外的軟體文化，令人驚訝！殷代精密曆法的發明，充分反映了殷人對自然知識的認識，[5] 這開啟了周代的天道觀和自然觀。

4 請參看王國維，〈殷周制度論〉，《王國維遺書》（上海：上海古籍出版社），一九八三年。

5 大量出土的甲骨文，對「農業生產，天文氣象，醫藥衛生，居住環境都有樸實地記述」。胡厚宣、胡振宇，《殷商史》（上海：上海人民出版社，二〇〇三年），頁二三五至三一九。

茲舉數則範例為說：

①虢文公以陰陽之氣解說春雷發蟄蟲動　《國語．周語》載，周宣王不行籍田之禮，卿士虢文公進諫時說到陰陽二氣的作用。他說：「陽氣俱蒸，土膏其動。」這是用陽氣的上蒸來說明大地潤澤土質鬆動。又說：「陰陽分布，震雷出滯。」這是用陰陽二氣均衡分布，說到春雷發蟄蟲動的情景。在這裡，以陰陽與氣的結合來解釋事物變化的原因，此為中國古代思想史首見之文獻記載。

②伯陽父以陰陽失秩解釋地震　周幽王二年，西周的三川流域都發生地震。周大夫伯陽父認為陽氣向上升，陰氣向下沉，這是天地之氣的正常秩序，而地震是由於天地之氣失衡所致。他說，陽氣潛伏在下面不能升騰出來，陰氣壓迫使它不能蒸發，就會發生地震（「陽伏而不能出，陰迫而不能蒸，於是有地震」），現在三川流域發生的地震，正是陽氣失去正常的位置而被陰氣壓住所致（「今三川實震，是陽失其所而鎮陰也」）。這是中國歷史上最早以陰陽二氣對立失調來說明自然現象變動原因的文獻。

③叔興以陰陽相互作用解釋自然界的異常現象　《左傳．僖公十六年》記載，西元前六四四年春天，有玉塊隕石墜落在宋國，原來是隕星。又有六隻鷁鳥退著飛過宋

國都城，原來是大風吹颭。宋襄公問周內史叔興這兩件事是吉是凶，什麼預兆？叔興認為國君問得不對，因為這是陰陽二氣相互作用的結果，與人事吉凶無關，吉凶是由人的行為所決定的（「是陰陽之事，非吉凶所在也。吉凶由人」）。

以上數例可以見出先秦諸子之前自然義天道觀隱然發展的一條線索，至老子自然觀的形成而趨於成熟。其特點有這三端：

①消解人格化的天，使天道回歸自然的本義　《老子》說：「天道無親。」（〈七十九章〉）這和「天地不仁」（〈五章〉）同義，都是說自然界的運行變化和人的意志願望無關（王弼與河上公也都以天地「任自然」作注解）。老子不僅破除意志之天與主宰之天的觀念，而且更進一步指出天並不具有道德行為。

②以天人視野突破倫理中心思想的局限　老子反對天人同類與天人感應說，但他並不主張天人之分離割裂，他著書五千言，中心議題在論治道，為了突破倫理中心思想的局限，他常以人事牽引天道，復託天道以明人事，他關切人道，但他並不將人的存在問題從宇宙中抽離出來，這和「罕言天道」的孔子孤立地思考人間問題，在視角上的確有著懸殊的對比。在他的思維裡，天人關係相互呼應，「天之道，利而不害；聖人之道，為而不爭」（〈八十一章〉）。天道與人道相互涵攝，這是老子論述人生

哲理的一個重要的思維方式。

③**天道與人道統攝於形上之道**　形上之道涵攝天道與人道，故而老子之道蘊含天文運行之法則與人間社會之規準，如此則將殷周以來逐漸形成的人道觀與天道觀，整合在他的形上之道的二條思想主線之理論體系中。

西周人文思想萌芽及人本思想的出現

周公在政治上的重要建樹，上述已提到他制禮作樂，制定一套完整的典章制度，他完成分封制，營建東都成周，足以使他成為古代外王之道的典範。此處僅就他的天命觀在古代思想史之意義，略述數語。

周初天命觀中的人文精神

周克殷，繼承文化較高的殷禮，以周公為代表的王族，警惕天命無常（《詩・文王》：「天命靡常。」）上天難以信賴，維持王業是不容易的（〈大明〉：「天難斯忱，不易維王。」）周公的思想主要見於《尚書》，[6]《詩》、《書》同調，反映周公感悟到殷亡之鑒（《尚書・召誥》：「監於有殷。」）深刻體會到天命給與政權是有條件的，這條件就在於「敬德保民」，因而他一方面呼籲統治者應加強道德修養，同時強調維持王業要在「保民」（《尚書．梓材》），而保民在於慎刑、用賢、上下勤恤。如此，天命給與的條件固然規範了為政的內容，反過來也規範了上天的性格，《周書．泰誓》所謂：「天視自我民視，天聽自我民聽。」（《孟子．萬章上》引）天意乃得由民意而表現，則天意的內容，也受到民意而規定了。[7]

周公天命觀所表現的人文精神，可以用《尚書》中這兩句話來概括——「天不可信」（〈君奭〉）、「民情大可見」（〈康誥〉）。其天命論中以見「民情」最為緊要，這是三千年前的周公給後人留下最珍貴的一項人文資產。

西周末年以降人本思想的出現

西方近代人本主義是對抗神權而產生的，周代早熟的人本思想的出現，也基因於天神威權的失墜，而周人天帝信仰的起伏，與政治社會的盛衰治亂有著密切不可分的關係，這情景明顯反映在《詩經》的眾多詩篇中。

6 周公思想見於《尚書》中〈康誥〉、〈召誥〉、〈洛誥〉、〈多士〉、〈無逸〉、〈君奭〉、〈多方〉、〈立政〉等篇。

7 陳鼓應，〈殷周時代官方思想概況〉，《古代呼聲》（臺北：德華出版社，一九七八年）。

西周盛世時期，猶稱頌上帝的偉大（〈皇矣〉：「皇矣上帝，臨下有赫。」）但到周室末期，禍亂頻仍，民困日逼，上帝遂被譴責為反覆無常（〈菀柳〉：「上帝其蹈。」）厲幽時代的上帝，在人民心中，疾威暴虐（〈蕩〉：「疾威上帝。」）實即是對人王形象的寫照（如〈十月之交〉諷刺幽王曰：「下民之孽，匪降自天。尊沓背憎，職競由人。」）周室東遷之後，神權之式微與王權之衰落成正比，神人的主從關係也起了顛覆性的變化，人本思想的出現，茲舉以下數則劃時代的言論為證：

①季梁提出民為神之主的觀點　春秋初年，隨國大夫季梁在民神關係上提出突破性的新觀點。他說：「所謂道，忠於民而信於神也。上思利民，忠也；祝史正辭，信也。」（《左傳．桓公六年》）季梁以「忠」、「信」作為道（人道）的主要內容，這和老子以「忠信」作為「禮」的主要內涵是相通的，[8] 不過季梁所提出的「信」是出於對「祝史矯舉以祭」有感而發的。季梁論祀神的一段話提出兩個十分重要的論點：一是以利民為忠，二是以民為主，神為從。他的話是這樣說的：「上思利民，忠也。」「夫民，神之主也。」後代儒道兩家對「忠」的對象就有著不同方向的發展，由士而仕的儒者多朝忠君的方向作宣揚，道家則著眼於利民的方向來思考。在古代思想史上，季梁是第一位以「利民」為「忠」的在朝之士，這項政治倫理很具有現代意

義。而以「民」為「神之主」的觀點，亦為古代人本思想放出的第一道曙光。

②史嚚提出「神，依人而行」的觀點　西元前六六二年，虢國盛傳神靈下降。史嚚評論說：「國將興，聽於民；將亡，聽於神。神……依人而行。」史嚚雖然不是無神論者，但卻否定了神靈的主宰作用，這和季梁以民為神之主的觀點是一致的。史嚚和季梁都表達了掃除神威的籠罩而走向以民意為歸的意向，他們所顯示的重民輕神思想，都是先秦諸子人文精神的思想淵源。

③子產天人相分的思想　西元前五二四年，鄭國等多處發生火災，大夫裨竈灶建議獻國寶禳災，子產反對當時的災變迷信活動，他認為天道神意渺茫不可信，社會人事卻是切近的，這兩者並不相聯。子產從天人相分的觀點，反對捨棄社會人事而求助於天神，為此他說出了這樣的名言：「天道遠，人道邇，非所及也。」（《左傳・昭公十八年》）

以上論述顯示出西周末至春秋時代，神權下墜與人本思想興起的趨向。這段人本

8　《老子・三十八章》提出禮的主要內涵是忠信，認為如果忠信不足則將導致禍亂（「夫禮者，忠信之薄，而亂之首」）。

思想及人文精神演進的歷史，可以說明孔子「敬鬼神而遠之」言論的出現，由來有自；也可看出老子之道所以置於「象帝之先」的思想路痕。

從殷周至春秋時代是為哲學前期，哲學前期在人文思想的躍動中，老子及戰國諸子群起而繼承周文進行創造性地轉化。

二　先秦諸子的時代精神：人文思潮的湧現

道、儒、墨、法人文內涵之特點

先秦諸子在世界文化史上的特異之處，便是人文意識的高漲，人文思想成為先秦諸子的時代精神，而且諸子各自不同形態的人文思想激盪而為一股時代思潮。

先秦諸子不同形態的人文思想，茲舉道、儒、墨、法諸家為例：

老莊人文內涵的特點

揭開中國哲學序幕的老子，在道物關係的重要議題中，將文化上的人文思想引進哲學的領域，他從現象界進而探討萬物的本原與本根之道，並以「道」來豐富「物」

的內涵。老子還提出「為學」與「為道」的兩個途徑，用以說明知識累積越多，對外在世界的認識越清楚（「為學日益」），而主體修養則宜逐步減損一己主觀的成見與貪欲（「為道日損」）。但「為學」與「為道」的關係，在老子的思維中似乎成為難以銜接的兩橛。到了莊子，提出道物不相離的主張（〈知北遊〉云，道「無所不在」、「無乎逃物」），莊子運用許多生動的寓言（如〈養生主〉「庖丁解牛」；〈達生〉「痀僂承蜩」、「梓慶為鐻」等寓言），描述人憑藉專精的技藝可以呈現道境。這樣將「為學」與「為道」的兩橛狀態聯繫起來，成為一條通向主體最高境界的通道。在莊子哲學的園地中，主體精神意境的提升及宇宙生命普遍流行的境界，大大地豐富了中國古代的人文世界。

孔孟人文內涵的特點

與老子同時代而稍晚的孔子，雖未觸及哲學上的重要議題，但在文化上對後世的影響，卻無人及之。孔子繼承周公旦「尊尊」、「親親」以及「敬德保民」的宗法倫理思想，倡導個人道德的自勵及社群道德行為的發揚，孟子又繼承孔子的人倫思路，而在激發人的道德力量上，更是沛然莫之能禦。

「尊尊」、「親親」，作為支撐宗法封建社會的兩大支柱，在社會層面，用以維繫人心，使人際關係和睦相處，但在政治層面，則產生許多不合時宜的流弊，禮制（即宗法封建制度）主要包括分封制、世襲制及等級制。孔孟基本上是維護舊制，孔子主張「故舊不遺」（《論語．泰伯》），孟子也要保存「世臣」、「世祿」，宗法「親親」政治早已造成「少德而多寵」（《國語．周語上》）的現象。儒墨在階級立場上確有著顯著的差別，這就引起代表「國中之眾，四鄙之萌人」、「農與工肆之人」的利益和願望的墨派，對儒家的思想保守性及其維護既得利益階級的不合理性提出強烈的質疑。

墨子人文內涵的特點

墨子指陳貴族血緣政治的弊端：「王公大人骨肉之親，無故富貴，面目美好者，則舉之。」（〈尚賢下〉，下引同）「立便嬖以為左右，置宗族父兄故舊以為正長」。貴族專政憑著「骨肉之親」就無端享受富貴，由這群人來主持經國大計，那就好比「瘖者而使為行人，聾者而使為樂師」。朝政上充塞著智慧上的「躄瘖聾瞽」者，目睹這種「親而不善」的政治現象，墨子提出尚賢使能的主張。他在「尚賢」的理論中，提出「官無常貴，民無終賤」這一劃時代的口號。

墨子痛陳統治階級「竭天下百姓之財用」（〈非攻下〉）、「虧奪民衣食之財」

（〈非樂上〉）、「上不厭其樂，下不堪其苦」（〈七患〉）。放眼看我們生活的周遭，時至今日，「皇親國戚」猶利用特權進行種種內線交易來搜刮民財，使權力核心淪為貪腐中心，這情景不能不令人感歎「世風日下」！墨子的揭弊精神中激盪著人道主義的呼聲，而「兼愛」、「非攻」的學說，尤具有現代意義，墨子譴責霸權以強凌弱，頻頻發動殘民的戰爭，「入其國家邊境……墮其城郭……勁殺其萬民，覆其老弱」（〈非攻下〉），「殺人多必數於萬，寡必數於千」（〈非攻中〉）。這幅慘景有二十至二十一世紀數場戰爭的寫照。

墨家打破「禮不下庶人」的局限，從維護「萬民之利」的立場，擴大其愛物利人的社會基礎，使得墨家人文精神所發出的光芒，在人道主義、民本思想及其倡導的博愛精神上，遠勝於儒家。

法家人文內涵的特點

諸子中法家最受爭論，一部分是出於它在思想上的流弊，另部分是導因於儒者心態的曲解。法家的弊端不少，[9] 舉其要者，如立法權源於君主，又如由法令實施之求

9 參看陳鼓應，〈法家思想述評〉，《古代呼聲》（臺北：德華出版社，一九七八年）。

同一而導致思想上的整齊劃一。

法由君主設立，這問題莊子已提出質疑，他指出人君憑己意制定法度（《莊子．應帝王》：「君人者以己出經式義度。」），這樣去治理天下，就如同「涉海鑿河，而使蚊負山」。法度條規的釐訂應合於民心，這觀點到漢代道家《淮南子》明確地提出，《淮南子．主術訓》說：「法生於義，義生於眾適，眾適合於人心，此治之要也。」

法家思想的產生，有它時代的必然性，氏族社會組織已擴大為國家的社會組織。西周的禮制乃適應血緣關係為基礎的氏族封建社會，但到戰國時代，社會結構發生巨大變動，法制普遍有效地實施，乃用以代替人治的禮制來維繫人際關係及權力機構的運行。以此觀之，法家與儒家在思想上多所對立，實代表著氏族社會與國家社會之厲行人治與法治之爭。從史實來看，無論道、墨、法諸家，無不對儒家德治主義之局限於權貴政治血緣之親的相互施惠現象多所抨擊，而法家之士尤多指責，如商鞅明確指出「親親而愛私」、「親親者，以私為道也」（《商君書．開塞》），儒家「親親為仁」在政治上常易流為權貴間私德之相授受。因而，在由氏族社會進入國家社會之後，宗法倫理所習以為常的「私德」和社群利益所維護的「公德」，就在漫長的歷史中隨著人治與法治的起伏相互糾結與衝突。歷代士人對儒家倡導的親族「私德」多所肯定，而對法家提倡的社會「公德」常缺乏同情地了解，這在學界中是普遍存在的現象。不過，無論如何法家所標舉的法治精神，仍是人文世界中重要的文化資產，例如法家變古的思想（《韓非子．五蠹》），主張「必因人情」以立法，「去私曲就公法」（〈有度〉），倡「公利」（〈八說〉）、「明於公私之分」（〈飾邪〉），而「法不阿貴」、「刑過不避大臣」（〈有度〉），尤合於當今政治社會。

法家將人文思想建立在法治基礎上，打破「刑不上大夫」的特權庇護觀念。人文寓於法治的精神，成為當今最具時代性的文化資產。

諸子所關注的社會文化議題

先秦百家爭鳴，在人文思想引導下各放異彩，所關注的議題及觀點，舉數端為例：

人在宇宙中的地位

春秋時代，神權墜落，人本思想興起。老子思想的出現，使神人關係有著顛覆性地轉換。他一面將神逐出「道」的理想園地中，同時將人的地位提升到宇宙間

「四大」之一的地位（《老子・二十五章》：「域中有四大，人居其一焉。」）。莊子進一步將人的精神生命提高到天地境界（《莊子・天下》：「獨與天地精神往來。」）。莊子之後的荀子，則從道義的角度，肯定人「最為天下貴」。

民本與人道的呼聲

人的地位被高舉的同時，人民的願望與要求也被列為施政者首要的選項。老子呼籲治者當「以百姓心為心」（《老子・四十九章》）；孟子則更進一步提出跨時代的主張：「民為貴，社稷次之，君為輕。」（《孟子・盡心下》）這一民重君輕的思想千百年來震撼著古代東方社會。此外，先秦諸子的言行中無不對人類的處境與際遇流露出深切的人道關懷，而墨子對於戰火中人群的悲慘遭遇尤為關切：百姓「飢寒凍餒疾病而轉死溝壑中者，不可勝計也」（〈非攻下〉），「與其居處之不安，食飯之不時，飢飽之不節，百姓之道疾病而死者，不可勝數」（〈非攻中〉）。整部《墨子》字裡行間盡皆人道呼聲之吶喊！

禮與法之辯

「禮」不只是指儀式，而由個人行為準則與社會規範擴大到典章制度的建構。西周所興建的禮制是古代社會文化高度發展的體現，但隨著時代的轉移，這種以血緣關係為紐帶的宗法制和以封建貴族為依歸的等級制，其流弊就與時俱增。到春秋末，成為史書所謂「禮崩樂壞」的時代，法制的要求，也就應時而興。政治上，禮、法的運作，在子產時代就引起過一場前所未有的言辯，子產「不毀鄉校」，開放言論以聽取知識分子批評朝政；鑄刑書，推動政治改革，引起守舊派的戒懼，晉大夫叔向對於鄭國制定法律，把條文鑄在鼎上的措施（「鑄刑書」），寫信給子產說：「民知有辟，則不忌於上，並有爭心……。」（《左傳・昭公六年》）子產回說，「吾以救世也」。叔向擔心老百姓知道有了法律，就會依法行事而不忌諱在上的官長，並且會依據法條來抗爭。但不久叔向的晉國擋不住時代思潮，也要鑄刑鼎，頒布范宣子所著刑書，這時孔子也十分不安地說：「百姓從鼎上的法律條文知道了犯法的情況，哪裡還會尊崇貴族？貴族還有什麼家業可守？貴賤沒有等次，如何治理國家？」（《左傳・昭二十九年》：「民在鼎矣，何以尊貴？貴何業之守？貴賤無序，何以為國？」）

不過，春秋戰國之交，禮制的缺失各家都在進行檢討，如老子首先指出「禮」欠缺「忠信」的內涵（《老子・三十八章》：「夫禮者，忠信之薄。」）《莊子》繼此指出：「禮者，道之華而亂之首也。」（〈知北遊〉）墨子更指責儒家「繁飾禮樂以淫人，久喪偽哀以謾親，立命緩貧而高浩居，倍（背）本棄事而安怠傲。」（《墨

子．非儒下》）

儒家和法家在維護禮制和法制的立場上，各執一端。在禮和法從理論到運作的衝突中，採取兩者兼顧態度的是黃老道家和荀子，黃老古佚書《黃帝四經》開宗明義便宣說：「道生法。」黃老將「法」引入老子的「道」論中，使法源的產生獲得公平性、公正性、公開性的理論基礎。稷下道家進一步將禮、法援引入道，一方面將道與禮、法關係視為道之體用關係，[10]另一方面將形上之「道」透過「德」而落實為人的價值要求，由之使「義」、「禮」、「法」等社會規範奠立了形上理論依據。其援引禮、法以入道曰：「禮者，因人之情，緣義之理……故事督乎法，法出乎權，權出乎道。」稷下道家視禮、法為道的延伸；在道的規則下，倡導法制與禮義教化的社會功能。受到稷下黃老深刻影響的荀子，「隆禮」的同時又提倡「重法」，使禮與法的矛盾統一於治道。

先秦禮、法之爭涉及到人治與法治的核心議題，這成為原始儒家與法家各派對立的癥結所在。

孟子推崇德治，但把人治的典範化推到極致的地步，他描繪舜的孝行，卻宣揚過度以致將孝道絕對化。他還勾畫出「堯舜禹湯文武」、「聖人之世」，成為韓愈和宋代理學家程頤等強烈排斥異端的道統說之始作俑者。孟子典範化的人治，受到莊子學派觀點主義（perspectivism）的強烈質疑（《莊子》外、雜篇有諸多論述），莊子〈逍遙遊〉也說出這樣的話：「塵垢粃糠，將猶陶鑄堯舜者也。」這具有打破儒家偶像主義的意義。孟子的聖人之治，說要五百年才有王者興，那麼這以外的日子，人民豈不都得在長夜漫漫中討生活？只憑人治，總不免會落得「人存政舉，人亡政息」的局面。因而人治與法治如何相配得宜，時至今日仍是令人深思的問題。

總之，先秦諸子的心思，無不著眼於人間世，無不具有濃厚的社會關懷，老莊也不例外。老子著書，要在言治道，即連莊子也提出「內聖外王之道」（《莊子．天下》）。「內聖外王」的理想，道出在那動盪不安的年代裡，士人所懷抱的人間關懷及其社會責任感，而且也成為歷代知識分子自我砥礪並克盡社會職能所憧憬的最高理念。[11] 總之，先秦諸子在人文關懷的思想指引下各抒己見，而匯成一股時代的思潮。

10 參看陳鼓應著，《稷下道家代表作—管子四篇詮釋》（臺北：三民書局，二〇〇三年），頁一三八至一四四。

11 參看陳鼓應著，《老莊新論》（修訂本）第三部分〈道家的社會關懷〉（臺北：五南圖書公司，二〇〇六年）。

諸子在人間性思考和社會關懷的前提下，討論的議題多屬於政治社會的範圍，諸如戰爭與和平的問題，王霸以德以力問題，鞏固君權與民心向背問題，維護「世臣」、「巨室」或維護「農與工肆之人」的立場問題，「開阡陌」與恢復井田制問題，義與利的問題，私德與公德問題，「愛有等差」與「愛無等差」問題等等。

孔、孟與墨翟、韓非諸家的言論內容，多屬思想史或文化史課題。有些論點雖隱含哲學意涵，但其哲學問題意識尚未形成。哲學概念的形成往往有由隱含（implicit）到顯明（explicit）的過程，而哲學問題的發展也常有由未顯題化而趨於顯題化，如《論語》謂：「夫子之文章，可得而聞也；夫子之言性與天道，不可得而聞也。」（〈公冶長〉）「性」與「天道」為孔子思想觀念中隱含性的題材，孔子未顯題地（unthematic）隱含有「天道」思想，但尚未顯題化加以正面討論。要言之，孔子的人生觀並未建立在宇宙論的基礎上，就哲學觀點而言，孔子不僅沒有建立過形而上學的理論體系，他也從沒有過這類哲學的問題意識。

三　孔子在文化上的人文思想與老子在哲學上的人文思考

漢魏之後，儒道兩家在歷史上長期取得中國文化和哲學的代表性地位。確切地說，儒家在文化上取得主流的地位，道家則在哲學上取得主幹的地位。本文於此先陳述儒家學派的創始人孔子的德治主義之人文思想，而後在孔、老倫理思想的對比中，引出中國哲學開創者老子的人文思想如何由文化而提升到哲學理論的特色。

孔子倫理中心的人文思想之特點及其局限性

孔子在哲學上的創見和理論建樹雖然遠不如老子，但他在文化上的影響卻無人能及之。陳榮捷先生《中國哲學文獻選編》第二章〈孔子的人文主義〉，便從哲學的立場來評論孔子在文化領域中的重要地位，他說：

> 如泛說孔子塑造了中國文化，這是毫無可疑的。然而，如縮小範圍，說孔子也塑造了中國哲學的特質——亦即他決定了爾後中國哲學發展方向，或建立了中國哲學

發展的模式——則似乎過度誇張。

孔子確是一傳述者，但同時也是一創造者。就專業的知識而言，他不是一位哲學家。

孔子不是一位哲學家，但如果沒有了他，中國哲學必然大異其趣。

榮捷先生肯定「孔子塑造了中國文化」，但就專業哲學角度而言，認為「孔子並不是一位哲學家」。上述觀點，頗為中肯。

目前我們學界對文化與哲學的區分大多混淆不清，哲學史家更常將《論語》記載孔子大量的文化內容混成哲學，方東美先生獨排眾議，認為《論語》只是「格言學」而未涉及哲學問題。他說：

《論語》這部書，就學問的分類而言，它既不是談宇宙發生論或宇宙論的問題，又不談本體論的純理問題，也不談超本體論的最後根本問題；而在價值方面也不談包括道德價值、藝術價值、宗教價值等各種價值在內的普遍價值論。那麼，《論語》就不能歸類到任何「純理哲學」的部門。它究竟算是什麼學問呢？就是根據實際人生的體驗，用簡短語言把它表達出來——所謂「格言」！……這樣學問稱為

「格言學」。

方先生是從專業哲學的觀點，對《論語》做出上述的學問分類。《論語》雖然缺乏形上學的思考，但它對中國社會文化的影響卻超過了任何典籍。我們將《論語》所表達出孔子的言行和西方倫理家對比，更能顯示出它的特點。

蘇格拉底和耶穌（Jesus）說得上是西方社會道德觀念淵源的兩大基石。與孔子倫理思考為主要內涵的人文思想相對比，耶穌的言行顯然屬於神本主義者，而蘇格拉底雖不能劃歸為神本論者，但他高揚「神諭」，聲稱一個神聖的聲音所引導，堅信靈魂不朽，且不懷疑在另一個世界的生活將是幸福的生活（見柏拉圖〈申辯書〉"Apology"）。將蘇格拉底和孔子相較，兩者在「被神的蒙蔽」與「清除蒙蔽」有著顯明的對比。顯然，早約一百年的孔子所散發的人文精神遠遠要勝過蘇格拉底。在人類還處於神權籠罩的時代，《論語》便記載說「子不語：怪、力、亂、神」（〈述而〉），這種理性思維的態度，雖然未及傳達到西方，但在中國社會卻產生深遠的影響。孔子「敬鬼神而遠之」（〈雍也〉）的態度，在中國思想界裡也起著巨大的掃霧社會功能。孔子還說「未知生，焉知死」（〈先進〉），可見在撥開蒙昧，耀射理智光芒的人文思考上，遠非沉湎於神意指引中的蘇格拉底能望其項背。

孔子思想突顯於德性之知的領域。他的倫理思想最核心的是「仁」的學說，而一般學者所津津樂道的，就是他這兩句金玉良言：「己所不欲，勿施於人。」（〈顏淵〉）「己欲立而立人，己欲達而達人。」（〈雍也〉）出於仁心的推己及人，一直受到世人的讚揚。不過，推己者如果流於自我中心那就可能會造成《莊子》所警惕的「魯侯養鳥」（〈至樂〉）和「渾沌之死」（〈應帝王〉）的後果。因而，我較欣賞〈顏淵〉中孔子另兩句話：「君子成人之美」、「四海之內，皆兄弟也」。

孔子和老子——儒道兩位開端者——有其相似的人格特質：樸質無華。《論語》如此素樸地描述孔子：

> 飯疏食飲水，曲肱而枕之，樂亦在其中矣！不義而富且貴，於我如浮雲。發憤忘食，樂以忘憂，不知老之將至矣！〈述而〉

這是對孔子生活為人最真實的寫照，雲淡風清，平實中流露其超然物外的人格風範。而孔子「學而不厭，誨人不倦」（〈述而〉）的教學態度，及其「有教無類」

（〈衛靈公〉）的教育精神，使他被歷代士人尊奉為至聖先師。

列居中國教育史上「亞聖」地位的孟子，其辯才無礙，但總給人氣盛於理的感覺。相形之下，我更欣賞孔子所說「剛毅木訥近仁」（〈子路〉）。木訥中表現出的堅忍，使我十分讚賞孔子這兩句話：「三軍可奪帥也，匹夫不可奪志也」（〈子罕〉）、「歲寒然後知松柏之後凋也」（〈子罕〉）。孟子雄辯滔滔中談仁說義，但總給人勉強而被迫接受他的道德教訓，相較起來，孔子的道德勸勉娓娓道來，平易中使人樂於接受。

孔子說：「君使臣以禮，臣事君以忠。」（〈八佾〉）孔子的道德觀相對性較顯著，而孟子「舍我其誰」的氣概，雖令人激賞，不過他借舜的偶像化形象將孝道推到非人性化的地步，不難窺見宋以後儒家道統化的身影！好在君臣關係上，孟子還是發揮了孔子的道德相對思想，如《孟子．離婁》曰：「君之視臣如手足，則臣視君如腹心；君之視臣如犬馬，則臣視君如國人；君之視臣如草芥，則臣視君如寇讎。」這觀點在古代專制政體中是罕見的。原始儒家道德相對主義，可惜到了宋明新儒家卻質變而為道德絕對主義了。12

孔、老人倫議題觀念的交集

作為中國哲學之父的老子，和作為中國文化萬世師表的孔子，兩人處於同時代，在思想上是同源而異流。在文化同源與同時代人文思潮的影響下，從老聃自著的《老子》和門人記載孔子言行的《論語》中，可以看出老、孔的人倫思想有著許多同異之處，茲舉數例為說。

孔子討論老子「報怨以德」的觀點

或曰：「以德報怨。」何如？子曰：「何以報德？以直報怨，以德報德。」（《論語．憲問》）

〈憲問〉「或曰」，即是老子所說的話。這話見於通行本《老子．六十三章》：「大小多少，報怨以德。」這觀點和《老子》〈四十九章〉與〈二十七章〉中的文義相一致，〈四十九章〉曰：「善者，吾善之；不善者，吾亦善之；德善。信者，吾信之；不信者，吾亦信之；德信。」〈二十七章〉曰：「聖人常善救人，故無棄人；常善救物，故無棄物。」這都流露出老子待人接物時寬容開豁的心胸。不過，孔子並不贊同「以德報怨」的觀點，他主張「以直報怨，以德報德」。

如果根據當代老學學者陳柱和嚴靈峯兩位的說法，〈六十三章〉「報怨以德」，和上下文並無關聯，疑是〈七十九章〉的錯簡，[13]若移入該章首句則為：「和大怨，必有餘怨，〔報怨以德〕，安可以為善？」其語境意義，則與孔子主張相近。

老、孔有關仁與孝慈的觀點

戰國晚期學者論及諸子學說特點時，曾說：「老聃貴柔，孔子貴仁。」（《呂氏

12 儒家自孟子以心性為道德之源，至北宋程頤因受佛、道本體論思想思潮的影響而提出「性乃理」之説，遂將道德之源的「心性」本體化而提到「理」一般高懸的位置，在「性即理」的主張下，一面將道德之源賦予永恆性、普遍性、絕對性的根基，同時又貶抑與生俱來的情欲。如此一來，將一個情理兼備的完整人格撕裂為欠缺血肉感的半邊人。理學家道德泛化的弊害，到戴震才大聲疾呼：「此理欲之辨，適成忍而殺人之具。」（《孟子字義疏證．權》）「古之言理也，就人之情欲求之，使之無疵之為理；今之言理也，離人情欲求之，使之忍而不顧之為理。此理欲之辨，適以窮天下之人盡轉移為欺偽之人，為禍何可勝識！」戴震在指責宋儒以理殺人時，還說出這樣的名言：「人死於法，猶有憐之者；死於理，其誰憐之？」（《孟子字義疏證．理上》）。

13 參看陳鼓應，《老子今註今譯及評介．七十九章》註釋。

春秋・不二》）學界有人誤以為老子是反倫理主義者，事實上老子除了倡導慈、儉、不爭「三寶」（〈六十七章〉）之外，他對「仁」也給與高度的評價。通行本〈八章〉，老子強調人與人交往要真誠相愛，因而提出「與善仁」之說。〈三十八章〉說「上仁為之而無以為」，這是說最高的仁體現愛的行為時出於內心自然的流露。莊子對於這層道德境界屢屢提及，例如〈齊物論〉說：「大道不稱，大辯不言，大仁不仁。」莊子認為，最高層次的仁是沒有偏愛的（「大仁不仁」，與〈天運〉「至仁無親」同義）。〈大宗師〉曰：「吾師乎，𩐋萬物而不為義，澤及萬世而不為仁。」這裡表述體道的精神：澤及萬物卻不自以為仁，調和萬物卻不自以為義，這正如〈天地〉所說：「端正而不知以為義，相愛而不知以為仁。」老莊主仁義的行徑，出於人性自然，所謂「行而無跡」、「鳥行而無彰」（〈天地〉），不必彰揚自顯，流於外表化形式化。

老子到莊子學派形成的一二百年間，原本用以維繫社會人心的仁義道德，卻反被統治階級竊取而「守其盜賊之身」（《莊子・胠篋》，下引同）。莊子後學痛陳權力核心盜用仁義美名以修飾其「貪腐集團」的門面，〈胠篋〉寫下了這則盛傳至今的名言：「竊鉤者誅，竊國者為諸侯，諸侯之門而仁義存焉。」聖智禮法原來用以防止邪惡勢力而維護人民的安全，但盜騙者竊取大位的事例，在歷史上經常出現，這時逆反現象就屢屢發生：「為之權衡以稱之，則並與權衡而竊之；為之符璽以信之，則並符璽而竊之；為之仁義以矯之，則並仁義而竊之。」此中情景，環顧今日，猶歷歷在目。因而莊子學派憤激地發出斧底抽薪的言論：「絕聖棄知，大盜乃止；擿玉毀珠，小盜不起；……攘棄仁義而天下之德始亦同矣。」老子和孔子那時代，仁義聖智被治者竊用而工具化的情況，並不如莊子那時代嚴重，因而提出「與善仁」的主張，但這主張與通行本《老子．十九章》「絕仁棄義」之說相互矛盾。一直到一九九八年五月北京文物出版社首次公布郭店楚墓竹簡，世人才發現戰國竹簡《老子》摘抄本之文本為「絕智棄辯，民利百倍。絕巧棄利，盜賊無有。絕偽棄詐，民復孝慈」。「絕智棄辯」、「絕偽棄詐」近於祖本，可能在戰國後期被傳抄者篡改成「絕聖棄智」、「絕仁棄義」，而篡改之跡，於《莊子．胠篋》可尋出它的思路脈絡，是則《老子》通行本被妄改為「絕仁棄義」而與〈八章〉「與善仁」觀點相矛盾，老子棄絕仁義之說訛傳至今已長達二千餘年的歷史。[14]

在待人接物方面，老子提倡「與善仁，言善信」，這和孔子的倫理核心觀念正相一致。孔子說仁者「愛人」（〈顏淵〉），又說：「君子務本，本立而道生，孝弟也者，其為仁之本與！」（〈學而〉）孔子把「孝弟」視為「仁之本」，這是殷代祖先崇拜至周代德治主義完成的宗法倫理之基石，孔子固然在「仁」的德行上有諸多新的闡發，但以「親親為仁」的觀念卻把「泛愛眾」的界限縮小到宗族的範圍內。

老子曾將「仁」、「孝」並提，與孔子同中之異，則是將「仁義」納入到他的形上道論中，從而擴大了仁義的立論基礎。相當於通行本〈十八章〉的簡、帛本曰：「大道廢，安有仁義；六親不和，安有孝慈。」其原意為仁義原本自然地融合於大道之中；孝慈自然地體現於六親的和睦關係中，一如魚之相忘於江湖。[15]

老子提出仁義蘊含在大道之中的觀點，而「道」是「無所不在」（《莊子．知北遊》），故而莊子說最高層次的仁愛是沒有偏私的（「大仁不仁」）。老子在仁義觀之外，還倡導「民復孝慈」，老子對「孝慈」觀念的強調，尤其具有特殊的意義，並由此可證他和孔子同樣繼承著殷周文化中人際關係之人文化傳統，不過老子並不像孔子之執著於家庭倫理思考中心的的局限，他在繼承周文化傳統的同時，在哲學上進行了前所未有地創造性轉化。

老、孔皆主忠信

老子和孔子都強調主政者取信於民，人際交往要言而有信。孔子說：「主忠信，無友不如己者。」又說：「與朋友交，言而有信。」（〈學而〉）老子在倡導「三寶」等各種德行中，對於誠信問題最為關切。《老子》言「信」高達十五次之多，為諸德之首，如謂「言善信」、「輕諾必寡信」、「信言不美，美言不信」，這些格言

---

14 古書傳抄的過程，常出現被抄寫者改動的現象，舉《禮記．緇衣》被傳抄者增改為例，戰國楚墓出土，近年相繼公布郭店本與上博本〈緇衣〉，我們將這兩篇簡書和傳世本相對校，發現幾點值得學界關注的事例：一是傳世本〈緇衣〉被傳抄者增加了約計四百多個字；二是簡本〈緇衣〉引《詩》、《書》而不及《易》。從先秦儒書中已充分顯示原始儒家重《詩》、《書》而輕《易》的傳統，再從出土文獻來看，更加證實戰國竹簡亦屢引《詩》、《書》而不及《易》。三是簡本〈緇衣〉每章段落體例一致，即開頭「子曰」，接著先引《詩》而後引《書》為助證。但傳世本常將徵引之《詩》、《書》文句前後調動並多處增引《書》中文句，抄寫者妄增一段文字云：「《易》：『不恒其德，或承之羞。恒其德貞，婦人吉，夫子凶。』」可證漢儒傳抄時亦曾改動原典，若將出土簡本和傳世本相對比，便可發現通行本《老子》被抄寫者改動的情況遠不如今本〈緇衣〉嚴重。

15 通行本〈十八章〉在安有「仁義」與「六親不和」文中，衍出「智慧出，有大偽」兩句，導致「仁義」與「大偽」對稱，從而產生對仁義貶抑的解釋，也帶來對後一句肯定孝慈行為不一致的解說。郭店簡本無「智慧出，有大偽」，從整章結構上看較為確當整章三個對等句，和〈十九章〉正相一致。參看拙文〈道家的禮觀〉，陳鼓應，《老莊新論》（修訂本）（臺北：五南圖書公司，二〇〇六年）。

和孔子所說「與朋友交，言而有信」，都已流傳千古，銘刻在人心。

老子認為「忠信」是禮制社會道德中最重要的德行，禮制缺乏忠信的內涵，禍亂就要發生（「禮者忠信不足，而亂之首」）。老子前後對「忠」的解釋有著不同的階層之分，一是利民之謂忠（如《左傳・桓公六年》引季梁曰「上思利民，忠也」），二是臣民對國君的忠貞。後代儒者熱衷仕途，越來越將忠誠的德行引向忠君的思路上，但對信實德行的倡導，則儒道各家並無階層之分。老、孔所倡導的「忠信」，仍具有現代性意義，從「盡己之謂忠」，到「利民」之謂忠，正是今天最廣為人知的「為人民服務」、「替百姓做實事」的意思；當今社會選舉文化中的新貴多「言而無信」，背信已成為主政者最突出的政治性格特徵，以致主政者的誠信問題成為民眾最迫切期待的一項公共倫理。

在《老子》著作中，除了特意揚「三寶」（儉、慈、不爭之德）及誠信之外，還對於容公、謙下、敦厚、樸實、質真、沖虛、守柔諸種德行也有生動的表述。要之，老子和孔子在倫理思想上，相互補充與會通之處甚多，表現了他們在周文的繼承上的共同特點。老子在社會文化上的影響遠不及孔子，[16]但他在哲學思維上卻一躍而至於千仞高崗。因而，老子「以道觀之」的人文思想，有著宇宙視野的開闊眼界與豁達胸襟的人文關懷，由是而開創出古代道家特殊形態的人文精神。

四　老子的人文世界

「以道觀之」的人文視角

老子是將文化層面的人文思考帶進哲學領域的第一人。以宇宙規模來把握人的存在意義，是老莊理論思維的一大特色。

老子以道為人文世界存在活動之理論根據。首先，他推天道以明人事，為人道尋找出天道以作為其行事之依歸，進而將天道與人道納入其形上道論之中。

我們只要翻開《老子．第一章》，它的多種哲學意涵就呈現在我們眼前，它開宗

16　孔子在社會文化上的影響遠勝於老子，走筆至此，各大媒體正報導國外學習漢語人數全球達三千多萬，而海外各地紛紛以「孔子學院」為名稱成立的教學單位已達百餘所，可證孔子在教育上的影響，至今猶遠傳不息。不過，客觀地看待孔子本人的思想言論，他發揚周文而有所創新，但他的「創造轉化」也只在文化領域，未及提升到哲學理論層次。

明義說：

道可道，非常道；名可名，非常名。
無名天地之始，有名萬物之母。

可道之「道」是指可以用語言表述的道理，亦即意指現象界的存在樣態及其運行之條理、法則；而常道之「道」，乃指產生萬物的本原及萬物存在根據的形上之道。《老子》首章的這段話就隱含了如下這些重要的哲學問題：

道物關係的哲學問題

道物關係的問題，也就是本體與現象關係的問題，世界哲學史上這一重要的問題，在中國哲學上由老子首先提出。

人在世間，不是無頭無根的存在，老子的道論便是為人的存在，尋求他存在的根源；為人的活動，尋出個活動的根據。

老莊的「道」論便是給「物」的世界以人文化的哲學，以「道」來提升人文精神境界的哲學。先秦之後，老莊哲學中的道物關係問題的理論，一直成為兩千多年來中國哲學的一條主線。[17]

世界本原的哲學問題

中、西、印度（India）三大哲學系統，揭開了古代世界哲學序幕的，就是有關世界本原的問題。我們所熟知的希臘（Greek）哲學史上第一個哲學家泰利斯（Thales of Miletus），提出水是萬物本原的哲學問題和答案，而老子則提出「無」、「有」是萬物之始。「無」是喻「道」的無形、無限性，「有」是喻「道」的實存性，以此老子提出比水更抽象的道作為世界的本原。在道家本原、本根及本體思維的指引下，使人們從表象中尋求實象，從顯象中探討隱象，從而深化了人文世界的內涵。

道體之不可言說性的哲學問題

老子說，「名可名，非常名」，這裡涉及到本體（道體）之不可言說性的問題。

老子首章提到語言的功能及其限度問題，莊子進一步突出言意關係問題，認為在人文世界中語言文字是溝通彼此思想感情的重要渠道（〈天道〉：「世之所貴道

17 參看陳鼓應〈論道與物關係問題：中國哲學史上的一條主線〉，《台大文史哲學報》第六十二期，二〇〇五年。

者，書也，書不過語，語有貴也。語之所貴者，意也。」）但進入到道的領域（本體界），就會「言不盡意」（〈天道〉：「意之所隨者，不可言傳也。」）

有關名言問題，由老子揭示經莊子開顯至魏晉玄學而形成「言意之辯」的重要議題，古人所謂「詞約旨達」、「寄言出意」，莫不在運用語言文字的神妙功能進而探尋其深層的意蘊。道家所揭示的言意議題，促使歷代詩人哲人及藝術家層出不窮地去開拓不同形態的精神意境。

老子由道體之不可言說性，引申到政治人生領域裡的另一個議題：「不言之教。」——強調教化中潛移默化的作用，經莊子還提出「得意忘言」之說——強調「言外之意」，透過語言的媒介或超出言語之表而直達人生之真諦。

我們只要翻開《老子》的第一頁，就可看到它由文化而進入到哲學的理論思維。作為中國哲學之父的老子，從「物」的世界中建立起「道」論，以道作為人文世界的本原和本根，從而開創了中國的本根論和宇宙論。相形之下，孔子的倫理思想主要是停留在文化的層面，終其一生沒有過宇宙本原論和宇宙生成論的問題意識，當然他更沒有過形上本根論、本體論的思想觀念。[18] 故而原始儒家在宇宙人生問題上，總缺乏根源性的哲學探究，和道家相較，其人文精神亦嫌單薄而缺乏深度。

宇宙視野的人文關懷

老子首創中國宇宙論，並將人間關懷之諸種思考納入他的宇宙視野之中。

子產說，天道太遙遠了，人道卻是切近的。遙遠的，我們捉摸不到。孔子正是繼承這種思想，談人道而不談及天道。但老子則在他的哲學系統中，託天道以彰顯人道，並將天道與人道統攝於其形上道論之中。

老子以道涵攝天人關係，莊子繼之。道家思想的天人視野，開啟了中國特殊的人文意境。我們從形上之道落實到人文世界所產生的幾種重要意涵，分別申說如下：

道為宇宙生命的人文意涵

老子說萬物是由道所創生的（《老子．五十一章》：「道生之，德畜之。」）道創生萬物又內在於萬物而成為其本性（「德」）。道家認為道是萬物生命的創生者，

18 馮友蘭《中國哲學史》首編〈子學時代〉，雖然錯誤地將孔子置於中國哲學史「開山之地位」，但他論及孔子學說時，僅就「孔子對於中國文化之貢獻」有所申說，對於孔子在哲學上的思想關聯，則無一語道及。馮先生謂孔子頗似蘇格拉底，「他對於宇宙問題，無有興趣」。在馮著〈緒論〉中說：「宇宙論與人生論，相即不離，有密切之關係。哲學之人生論，皆根據於其宇宙論。」依此，孔子從未能「根據於其宇宙論」而建立其人生論。

因而莊子稱它為「造化」、「造物者」（《莊子．大宗師》）。以此，老莊之道，要在豐富人的生命內涵，提升人的精神境界。

老子的「為道」，一面減損生命各個面向的阻力（如私心、偏見），一面發揮自身生命的動力。老子的為道，施之於人生的積極面則可與尼采的創造力意志相會通，例如《老子．五十九章》重點討論「嗇」，「嗇」是愛惜、保養的意思，可以用儲蓄生命的意志、能量或動力來詮釋它。該章之文意謂：「治國養生，沒有比儲蓄能量更為重要。儲蓄生命能量，乃是早作準備；早作準備就是不斷地累積生命的動力；不斷累積生命的動力，就沒有什麼不能克服勝任的。生命意志力的無所不克就無法估計他的能量。」[19]

老子認為道體是恆動的，它「周行而不殆」（〈二十五章〉），「緜緜綿若存，用之不勤」（〈六章〉），故施之於天道，則「天行健」；施之於人道，則「自強不息」。老子認為道所彌滿的天地，有如冶鑄的風箱，「虛而不竭，動而愈出」（〈五章〉）。故而宇宙生命的「動而愈出」，便賦予人類以生生不息的創造因數。老子還說：「強行者有志，自勝者強。」（〈三十三章〉）這是說努力不懈的人就是有充沛意志力的表現。這使我想到尼采所說的：超人就是不斷地發揮自己的潛能意志、衝創意志來提升自我的人，而老子的「自勝者強」，也正是這意思。

道為萬物本根的人文意涵

老子的本根論[20]運用到生命場所，有牝母創生說與歸根復命說，如《老子·六章》提出牝母創生說：「谷神不死，是謂玄牝。玄牝之門，是謂天地根，若存，用之不勤。」這裡老子以道為「天地根」，謂道體虛通，有如深微的母性具有神妙的生殖力，其孕育萬物生生不息，作用無窮。《老子·十六章》又提出歸根儲蓄能量說：「萬物並作，吾以觀復。夫物芸芸，各復歸其根。歸根曰靜，靜曰復命。」這裡所說「歸根」、「復命」，乃意指宇宙萬有之生命，經歷終則又始之活動過程。「復命」，即是回歸生命本根處儲蓄能量而更新再始。歸根復命說，在二〇〇三年公布的上海博物館戰國楚簡〈恆先〉中有新的提示。〈恆先〉提出「生其所欲」、「復其所

19 《老子·五十九章》云：「治人事天，莫若嗇。夫唯嗇，是謂早服；早服謂之重積德；重積德則無不克；無不克則莫知其極。」詳細註解請參看拙著《老子今註今譯及評介》。

20 作為萬物存在依據的本根論，創始於《老子》，中國哲學至魏晉時代的王弼，乃將兩漢以生成論與構成論為主流的宇宙論轉到本體論方向。自王弼至郭象，雖然對於形上與形下的「有」、「無」義涵有著不同的詮釋，但魏晉玄學家們所突顯的本體論的思維方式，也都直接影響到宋明而成為理學和心學之形上理論建構的支柱。

欲」的觀點，前者認為欲望為生命之原動力，後者強調生命動力的更新再始不竭地湧現。[21]

本根論運用到人生修養，老子說：「深根固柢，長生久視之道。」此說為後代養生論者奉為圭臬；後代道教之護養精、氣、神，此說尤被廣為流傳。而莊子所說「深根寧極而待，此存身之道也」（《莊子・繕性》），則著重在涵養生命的智慧以自處與應世。

道家的本根論，落實到人文世界，從個體生命到民族生命都有著深遠的影響。生命之根，為創造力的泉源，創發力的動因；歸根為承接民族文化之歷史洪流，為安頓個體的心靈故鄉。

道性自然的人文意涵

老子以道提升人在天地間的地位，並提出「道法自然」的名言。老子以道性「自然」，又說「道常無為」[22]。由是，「自然」、「無為」成為老子思想最高指導原則。長期以來，人們論及老子，多認他以自然為宗，以無為為旨。的確，道的自然性和道的無為性格落實到人文世界有其特殊意義，我們先從「道法自然」中人文自然的意義說起，首先要來明白其文本的語境意義，《老子・二十五章》有這樣的一段重要觀點：

> 故道大，天大，地大，人亦大。域中有四大，而人居其一焉。
> 人法地，地法天，天法道，道法自然。

老子認為宇宙中有四大，把人列為四大之一。如此突出人在宇宙中的地位，這在中國思想史上尚屬首見。

在古人眼中，天地是萬物的父母，天如此其高大，正如《論語》所形容：「巍巍乎，唯天為大！」（〈泰伯〉）「天之不可階而升也。」（〈子張〉）老子將人提到天地般大的位置，乃是就人能發揮他的精神生命與思想生命而言。人的地位高揚，歷代道家多所言及，如列子說：「天生萬物，唯人為貴。」（《列子．天瑞》）《淮南

---

21 參看〈楚簡「恒先」之宇宙演化論及異性復欲說〉，收在《老莊新論》（修訂本）。

22 通行本《老子．三十七章》「道常無為而無不為」，帛書甲、乙本作「道恒無名」，郭店簡本作「道恒無為」，以簡本為是。依簡本，本章文句中出現「……無為……自化」語詞，與〈五十七章〉「我無為，而民自化」正相一致。

子．天文》說：「跂行喙息，莫貴於人。」向秀〈難養生論〉說：「夫人受形於造化，與萬物並存，有生之最靈者也。」

老子說：「人法地，地法天，天法道，道法自然。」這裡，我們依老莊哲學中的道、物兩個層次來解說，天地乃屬於「物」的範圍，因此我們先討論人法天地的意涵，而後再討論人法道及「道法自然」的意涵。天地的特點，在《老子》文本中曾推崇「天長地久」（〈七章〉）、天清地寧（〈三十九章〉）以及天地本根說（〈六章〉）與母源說（〈一章〉、〈二十五章〉），這是人所效法於天地者的一個面向。依莊子的觀點，人之法天地者，其一為法天之高遠與地之厚重，[23]其二為法天之躍動流行與地之靜定安穩。[24]至於莊子所謂「天地與我並生，而萬物與我為一」（〈齊物論〉），這是道家所說的「天地精神」所達到的最高境界。[25]

「法道」，要在提升人的精神境界。人法天地進而法道，便是人的生命境界由天地精神而提升到無限性的宇宙精神的進程。而老子謂「道法自然」，就是河上公注所說的「道性自然」。所謂道性自然，借莊子的觀點來說，道是自本自根、自為自成的。[26]以此，道性自然是彰顯道的自主性、自為性，人法道的自然性，實即發揮人內在本有的自發性、自由性。因而道性自然以及人分有道的自然性，這學說有它這些特殊的意義：

①伸張人的自由性　自人之法道而言，道性「自然」——自己如此，人法道即法其自性；道也者，自由國度，人法其自性，則人人處於自由自在的精神樂園。

②順任人的本然性　自道之生物而言，道創生萬物，即賦予各個生命以殊異性。《老子》曰：「道生之，德畜之……道之尊，德之貴，夫莫之命而常自然。」（〈五十一章〉）道的精神之可貴處，就在於「莫之命而常自然」——不干涉人，讓每個人順任他們的本然性去塑造自己。

③發揮人的創造意志並收斂佔有的欲意　老子在通過道而暢述人自主性、自發性的同時，也一再提示人們當發揮自己的創造意志並收斂一己佔有的意欲。如上引《老子·五十一章》文句：「道生之……莫之命而常自然。」此謂道具有創生的功能，但並不施展它的主宰意志。後文便明確強調道賦予人文世界以這種精神：「生而不有，

---

23 《莊子·田子方》：「若天之自高，地之自厚。」
24 《莊子·天道》：「其動也天，其靜也地。」《莊子·天運》：「天其運乎？地其處乎？」
25 《莊子·天下》：「獨與天地精神往來。」
26 道是「自本自根」，《莊子·大宗師》；「自為」，見〈天地〉、〈天道〉。

為而不恃，長而不宰，是謂玄德。」「德」是指人文世界中個體生命所持有的特質與能力，不同的人具有不同的性分與能量，要在各自發揮一己的創造力量而收斂份外的佔有衝動。《老子》一書，由形上之道統貫到人文世界時，反覆告示人們要伸張「生而不有，長而不宰」的精神。[27]

「生而不有」、「為而不爭」、「功成而弗居」，這些名言所涵養的意義，可說是老子人生哲學最積極也最為現代生活所需要的文化遺產。

五　莊子的人文世界

前文從老子和孔子倫理思想的對比中，由文化的孔子引出哲學的老子，這裡則試圖從莊子對老子哲學的轉化與發展，引出莊子人文思想的深度及其特異處。

莊子對老子之無及無為的轉化

如果我們將哲學分為概念形態和想像形態的類別，那麼可以說《老子》是屬於概念哲學，《莊子》則屬於想像哲學。老莊雖屬道家陣營，但在文體質貌和哲學精神上，都表現出迥然不同的風格。中國哲學創始者老子的重要學說，都為其後繼者（如莊子、黃老學派）所繼承而發展，舉其要者如道德、有無、自然無為等學說，在莊學中都有著深刻的轉化。茲舉數端為說：

老子道體之「無」轉化而為精神境界之無限性開展

「有」、「無」成為中國哲學中獨特的一對範疇，創始於老子。《老子》書中，從本體界與現象界二個不同的層次分別說起「有」、「無」，一是指形上道體的實存性（「有」）和道體的無形、無限性（「無」）；另一是指現象界的顯相和隱相，或物象中的形積和虛空，兩者對待形成相反相成的關係（「有無相生」）。莊子對老子的「無」有所繼承，但做了更多的轉化。

《老子》通行本〈四十章〉出現這樣的一句名言：「天下萬物生於有，有生於無。」「有生於無」之說，激發人們無中生有的創造意志和創業精神，莊子也承繼了

27 如通行本《老子．二章》云：「生而不有，為而不恃，功成而弗居」；〈三章〉云：「為無為」；〈十章〉與〈五十一章〉云：「生而不有，為而不恃，長而不宰」；〈三十四章〉云：「功成而不有，衣養萬物而不為主」；〈八十一章〉云：「利而不害」、「為而不爭」。

這層觀念，故稱道為「生生者」。[28]

莊子對老子的「有」「無」（尤其是「無」）做了這幾層意義的轉化：一、莊子突顯道體之「無」而隱含性地將「有」釋為萬有。如〈天地〉論及萬物之生成過程曰：「泰初有『無』，無有無名。」「泰初有『無』」，是突出道體的無形無名之狀，「無有無名」，將「有」與「名」並舉，這就將老子原本作為道體之「有」，下降為萬有，此為王弼以本末、母子、體用說「無」、「有」之先聲。[29] 這屬於專業哲學的議題，且按不表。二、莊子將老子本原論或生成論之「無」、「有」，轉化而為時空無限性延展。如〈齊物論〉云：「有始也者，有未始有始也者，有未始有夫未始有始也者。有有也者，有無也者，有未始有無也者，有未始有夫未始有無也者。」從這段話的語境意義來看，它並不是要討論宇宙起源的問題，[30] 而是借老子的哲學議題，並打破他那以「無」為「始」的概念，上溯於「無無」之「未始」，從而拉開一個無窮無限的時空觀點。在中國哲學史上，莊子是第一個向世人昭示宇宙是無始無終的哲學家，[31] 莊子打開無限性的宇宙觀，意在起人心胸，拓人眼界，開闊人的思想空間。三、莊子將老子宇宙本體之「無」轉化而為主體之最高精神境界。如〈知北遊〉藉「光曜問無有」的寓言說：「予能有無矣，而未能無無也；及為無有矣，何從至此哉！」這寓言以「有」、「無」、「無無」寫人的三層精神境界。人在現實世界，會受到許多有形條件和無限因素的限制，莊子以為從「有」到「無」，雖能免於各種有形條件的拘鎖，但卻不能免於許多無形因素的束縛，所以人的精神還得往上提升到「無無」的境界。

從老、莊對「無」的概念內涵的轉化，顯示莊子哲學精神已漸漸由老子的「實有

---

28 「生生者」見於〈大宗師〉。〈天地〉云：「泰初有無……物得以生……留動而生物」，亦論及「無」之創生義。

29 王弼以本體界與現象界來詮釋老子的「無」、「有」範疇，並以本體界為現象界之本根而提出「以無為本」之說，其說引來魏晉貴無派與崇有派之別，至宋代周敦頤《太極圖說》謂「自無極而為太極」，朱熹更改周文為「無極而太極」，但仍引起心學派陸九淵等評為此乃老學之旨，心學與理學兩派的爭議，均肇因於王弼解老所延伸之「以無為本」說，然王弼以「無」、「有」分形上與形器兩界，並不合《老子》原意。參看拙文〈論道與物關係問題：中國哲學史上的一條主線〉，載《台大文史哲學報》第六十二期，二○○五年。

30 莊子和老子在這問題上的不同點在於，他不像老子開篇便提出世界本源的問題和答案（《老子．一章》：「無名天地之始，有名萬物之母。」），莊子的態度是「六合之外，聖人存而不論」（〈齊物論〉），「言之所盡，知之所至，極物而已。覩道之人，不隨其所廢，不原其所起，此議之所止」（〈則陽〉）。

31 《莊子》書中反覆強調宇宙的無始無終。如〈秋水〉云：「道無終始，物有死生。」〈知北遊〉云：「無古無今，無始無終。」〈則陽〉云：「與物無終無始，無幾無時。」〈天下〉云：「上與造物者遊，下與外死生無終始者為友。」

形態」轉向提升主體生命的「境界形態」。莊子的境界哲學不僅是先秦諸子思想的最高峰，他所展現的精神境界，也深遠地啟迪了後代有高遠見地的詩人、文學家與哲學家。

治道的「無為」轉化而為安然適意的生活情境

在中國歷史上，也可能是世界歷史上，老子是最早的一位看出絕對權力的為害性。「無為」的呼聲，正是他對掌權者毋擅權妄為所發出的切中時弊的警惕。

「無為」是老子治道中最具有代表性的學說。老子還倡道「柔弱」、「不爭」、處下、居後諸德，這些都是無為之寫狀。從歷史和現實的審視中，老子看出戰爭頻仍不絕，給人類帶來深重的災難，其禍根便在於統治集團的擅權，針對權勢階級的濫權作風，老子乃提出限制君權的「無為」主張。

從《老子》書語脈意義看，「無為」的呼聲全是針對治者而發，[32]它與治者之勿擾民、「毋獨為」[33]為同義語。老子還一再將治者「無為」和人民的「自化」並提，[34]這種限制君權而給人民留有更大活動空間以自我化育的主張，是為「古代民主」思想之萌芽，比起孔子「民可使由之，不可使知之」的觀念，實不可同日而語。

老子和孔子死後一百多年才出生的莊子時代，統治集團的貪婪背信而罔顧民意，已經到了不可與之言的地步，作為知識分子的發言者莊子，和作為史官發言人的老子，在立言的立場上有著巨大的不同。莊子不再像老子那樣向掌權者建言，轉而向士人、百姓對話，老子「無為」這一重要的術語，也被淡化了它的政治內涵，莊子將它轉化而為個體生命所能達到逍遙自適的心境或精神境界。[35]

「自然」的概念也和「無為」一樣，莊子將它朝向更具人文精神的方向上轉化。以《莊子》內篇為例，莊子將老子政治哲學中最重要的「自然」、「無為」的學說，內化到他的精神世界，和個體生命之心境結合。

32 《老子》書言「無為」，多達十三見。老子將「無為」提到道的理論高度（〈三十七章〉），而後全面落實到權力核心的問題焦點上。

33 「毋獨為」語見《鶡冠子・道端》，其言曰：「天下之事，非一人之所能獨知也；海水廣大，非獨仰一川之流也。是以明主之治也，急於求人，弗獨為也。」

34 《老子・三十七章》將侯王「無為」與萬物「自化」相聯繫，〈五十七章〉再度明確地呼籲治者「我無為而民自化」。

35 如《莊子》內篇提到「無為」的概念僅三次，均以個體心境之「逍遙」來描寫「無為」之情狀。外雜篇出現多次無為，但也以描述心境為主要意涵，如〈在宥〉：「從容無為。」〈天運〉曰：「逍遙無為也。」〈知北遊〉謂：「天地有大美……是故至人無為，聖人不作，觀於天地之謂也。」是則「無為」成為至人高度修養的審美心境。

先秦道家所說「自然」[36]有這三層意涵：一為物理的自然，二為人文的自然，三為境界的自然。老莊言自然，多屬人文自然，即意指人的自性的發揮，這層意涵莊子表現得尤為明顯。莊子強調無論治身或治國都當順著人的本性而行事。[37]老子由道性自然，說到人的自我化育；莊子則將「自然」引向人類的本性，再由人的本性導出任性、任情與安性、安情兩途，[38]前者屬於人文自然，後者則屬於境界自然。在人物自性的議題上，老子僅著意於「自化」，而莊子則「自化」之外，[39]暢言自為、自適、自得、自樂，[40]則其自性的發揮，已由人文的自然提升到境界的自然了！

當人們一提起老莊，立即就將他們和「自然無為」聯在一起，實則由老到莊自然無為的意涵，遠超出一般人的理解而具有它的特殊的時代意義。要言之，其張揚人的本性，伸張人的自主性、自由性，代表著莊子那時代人類主體意識覺醒的呼聲，也曾激起無數知識分子自覺心靈的迴響。

「為學」通向「為道」的途徑

莊子對老子諸多理念的轉化，最重要的莫過於對道論的補充與發展，其中有關道物關係的理論建構尤為關鍵。[41]

莊子將老子作為本原、本體的道，巧妙地轉化而為主體生命的精神境界，將老子

---

36 漢魏以後，「自然」學說更被突顯，例如東漢王充以道家自然觀對抗儒家神學目的論，魏晉新道家則以「自然」抗擊儒家「名教」，「自然」成為漢魏道家重要的思想武器，此處僅就老莊觀點而言。

37 《莊子》內篇「自然」概念二見，一指治身，〈德充符〉說：「常因自然而不益生。」一指治國，〈應帝王〉說：「汝遊心於淡，合氣於漠，順物自然，而無容私焉，而天下治矣。」以上二處所談「自然」，都是強調順任人的本性而為。

38 〈駢拇〉：「任其性命之情。」〈在宥〉：「安其性命之情。」

39 老子的「自化」，其意涵屬於政治教化範疇（〈三十七章〉與〈五十七章〉），莊子則意指萬物無時無刻不在變化之中，不僅外在環境在不斷變動著，人物自身的內在因素也在變化不息之中，如〈秋水〉云：「物之生也，若驟若馳，無動而不變，無時而不移。……夫固將自化。」此處「自化」乃屬宇宙變動觀中的一個概念。

40 「自為」見〈天地〉、〈天道〉；「自適」見〈駢拇〉；「自得」見〈駢拇〉、〈天地〉、〈秋水〉、〈讓王〉；「自樂」見〈讓王〉。

41 舉其要者如：一、莊子提出氣化論以彌補老子萬物生成論過於籠統，並以「氣」的聚散來說明人類萬物的生死。二、莊子提出「理」的範疇來說明萬物的存在樣態和法則，還提出「萬物殊理」、「道者為之公」的命題，此命題為宋代理學之「理一分殊」思想之淵源。三、莊子將高遠而「玄之又玄」的道落實到人間世，並提出「道通為一」（〈齊物論〉），道「無所不在」、「無乎逃物」（〈知北遊〉），使道物不相離。這觀點長遠地影響了漢魏以至宋明的歷代哲學家。莊子的宇宙整體觀，和西方二元分裂的世界觀正成對比。四、莊子不僅將道落實到人間，而且和人心做了緊密的結合。道聚於心；心呈道境（〈人間世〉：「心齋。」）這為莊子境界哲學的特色，而老子所未及見。心以致學而臻至心以傳道，是為莊學補救老學「絕學無憂」所導致的嚴重缺失，本文此處只闡述這一論題，其餘上述有關莊子道「氣」、道「理」等觀點，詳見〈論道與物關係問題：中國哲學史上的一條主線〉。

「為學」與「為道」之不相掛搭的兩橛化關係建立起一條通道。從這一論題上，我們可以看出莊學對老學的轉化與提升，更可看到莊學在人文世界中所展現的異彩。

積厚致遠與心傳道境

在道物關係上，老子提出了兩個重要的命題：「為學日益」、「為道日損」。對物的認識活動，稱之「為學」；對道的體認活動，稱之「為道」。為學要日益，是說對外在世界（「物」）探討所得的知識，越累積越增多；為道要日損是說精神境界（「道」）的修養，主觀成見與貪欲就越來越少。「為學」與「為道」，可能說的是兩回事。[42]但兩者是否可以相輔相成呢？為學是否有助於為道呢？老子這裡留有很大的解釋空間，然而另一處老子竟說「絕學無憂」，這話是在通行本〈二十章〉開頭說的，其語境意義不明，孤立地看「絕學無憂」這話，很容易使人產生老子揚「道」抑「學」的主張。[43]老子在人文教化理論上的不足，我們可以在莊子的世界中獲得新的領悟與理解。

經驗世界裡，人們必須通過學習才能獲得知識，通過實踐才能增進技藝，為學日益則積厚之功愈深。翻開《莊子》，開篇所創構的鯤鵬寓言，便提示人們需經一番積厚之功，乃能鵬程萬里以致遠。如〈逍遙遊〉所說：「水之積也不厚，則其負大舟也無力；……風之積也不厚，則其負大翼也無力。」溟海水積之厚，巨鯤乃得以深蓄厚養；太空風積之厚，大鵬乃得以展翅高飛。故而莊子又說：「適百里者，宿舂糧；適千里者，三月聚糧。」人生歷程如長途跋涉，「為學日益」，始能積厚致遠，所以莊子斷言：「小知不及大知。」

「為學日益」，才能培養成「大知」。〈秋水〉說：「是故大知觀於遠近，知量無窮；……知時無止；……知分無常也。」大知有如此之心胸，如此之眼界，才能步向道境。那麼，「道」可傳可得嗎？莊子的答案是肯定的。

老子費了許多心思描述道體之「惟恍惟惚」（如《老子》〈十四章〉、〈二十一章〉等處），莊子僅在〈大宗師〉偶而如此言及：「夫道，有情有信，無為無形；可傳而不可受，可得而不可見……。」此處說道雖不可口授，但可以心傳；雖不可目

42 馮友蘭，《中國哲學史新編》：「《老子》並不完全不要知識，所以它還要用觀的方法去求外界的知識。……為道所得的是一種精神境界，為學所得的是知識的累積，這是兩回事。」

43 嚴復《老子評點》二十章謂：「絕學固無憂，顧其憂非真無也；處憂不知，則其心等於無耳。非洲鴕鳥之被逐而無復之也，則埋其頭目於沙，以不見害己者為無害。老氏絕學之道，豈異此乎？」（此批在「絕學無憂」句上）。

見，但可以心得。道之「可傳」、「可得」，這是戰國道家的一種新的提法。〈大宗師〉接著就有一則南伯子葵和女偊的對話，談論「道可得學邪？」莊子借女偊說出了一大段學道、聞道的進程。學道約可分為兩大進程，第一進程要在去障脫困下工夫，首先要遺棄世故（「外天下」），然後才能要掃除物欲之纏繞（「外物」），爾後透視生命的局限而無慮死生之困擾（「外生」）。突破這「三關」，可進入第二個進程，此時心靈如朝陽初升，清澈明朗（「朝徹」）；心靈呈現出清澈明朗的狀態方能認識道體之卓然獨立（「見獨」）；「見獨」是體道者鍛鍊自己能突破種種的對立與界限，而超越時間的範限（「無古今」），而後進入不受死生觀念拘執的精神境界。莊子運用詩意的語言，要在描繪生命境界之層層脫困、層層超升。

《莊子》書中言及「道」，多將它轉化而為主體生命所呈現的最高精神境界。心傳道境之說，尤值得我們進一步闡發。

「為學」歷程與「為道」境界

司馬遷《史記》稱莊周「其學無所不窺」，我們讀《莊子》書，看出他借許多寓言來提示為學要日益，更要技藝日精，由技藝而入道境。

事變之流有一個層層連續的進程。鯤化而為鵬（〈逍遙遊〉），鵬之積風蓄勢而高飛，其由溟海而入於天人之境，有一個變化主體依時空條件循序而創進的歷程，而變化主體之集學、集才、集氣、集勢，然後奮力而起，尤為緊要。

《莊子》書中描繪了許多由技入道的寓言，如「庖丁解牛」（〈養生主〉）、「輪扁斫輪」（〈天道〉）、「痀僂承蜩」、「津人操舟」、「呂梁丈夫游水」、「梓慶削木為鐻」（〈達生〉）、「匠石運斤成風」（〈徐无鬼〉）、「大馬之捶鉤者」（〈知北遊〉）等等，這些藝人無不因其為學積厚，熟能生巧，技藝專精而臻於出神入化之道境。

《莊》書所有由技入道的寓言，都表達了這些共同的特點：一、學技習藝的時間歷程：各寓言中藝人的學習歷程年、月、日不等，多以日、月喻其進度，「庖丁解牛」則寫庖丁初學時「三年」之後，以至「十九年」間，技藝與時俱增；「大馬之捶鉤者」，則寫其「年二十而好捶鉤」，至「年八十矣，而不知毫芒」，學藝時日越久則技能越專精，要在持之有恆（「有守也」）。老子便曾說過這樣令人難忘的話：

「民之從事，常於幾成而敗之。慎終如始，則無敗事。」莊子強調「有守」[44]——學習技藝者時間進程的持續性，這提示給世人莫大的策勉與啟發。二、藝能專精之磨練：藝人「有守」乃能「巧專」[45]；技巧專精要在持久的學習進程中體現，在學習與天才之間，莊子似乎並未著意天才的成分，而一再強調反覆歷練與長期實踐的必要性。歷練與實踐中逐漸掌握事物的規律，而技藝的專精則有一個反覆磨練的過程，庖丁解牛所謂依著事物的自然的紋理（「依乎天理」）、順著事物自然的結構（「因其固然」），正是「巧專」而遵循客觀法則以施展運行的緣故。三、主體心境之培養：集氣、養神、靜心是藝人與學道者在創造的過程中必需培養的藝術心境[46]。涵養深厚的藝術心境之揮發，在「痀僂承蜩」和「庖丁解牛」等寓言中，都有所描繪。如〈達生〉寫一個駝背的老人在黏蟬，有如拾撿什麼似地。問他有巧還是有道，他回說「有道」。接著痀僂者敘說他鍛練的歷程，再說他身心定力的培養情景；「用志不分，乃凝於神。」正是藝術心境之寫照。庖丁解牛時，寫其「神遇」、「神行」而「遊刃有餘」，亦正描繪技藝洗練的藝術家創作時所達到的揮灑自如的境界。

蘇東坡正是讀了莊子這些寓言，說出這樣的至理名言：「出新意於法度之中，寄妙理於豪放之外，此所謂『遊刃有餘』、『運斤成風』也。」此外，東坡對於「輪扁斫輪」寓言描述其技藝「得之於手，而應之於心」，做了這樣的詮釋：「心手不相應，不學之過也。」東坡還借「津人操舟」寓言說：「凡不學而務求道，皆北方之學沒者也。」東坡強調學以求道，這觀點和莊子寓言所表述的意涵一致，也就是說，在「為學」和「為道」的關係上，老子說不清楚或有缺失之處，莊子和東坡做了必要的補救，使「為學」的途徑通向「為道」。

內聖外王之道——開放心靈與多邊思考

《莊子・天下》開篇標示出人間最高的宗旨在於探討宇宙人生本原、本根的學

44 莊子提示世人持守之道，如謂持守本根（〈天道〉：「守其本。」）、持守生命的主軸（〈德充符〉：「守其宗。」）、「神將守形」（〈在宥〉：「純氣之守。」〈漁父〉：「慎守其真。」）凡此告示人們無論修身從事要「有守」，學道亦然（如〈大宗師〉論及道學：「告而守之，……吾又守之。」）

45 〈達生〉梓慶為鐻曰：「其巧專而外滑消。」

46 集「氣」，如〈達生〉：「梓慶為鐻」寓言云「未嘗敢以耗氣」；〈人間世〉寫「心齋」境界云：「氣也者，虛而待物者也。唯道集虛。」養「神」，如〈達生〉：「痀僂承蜩」寓言云「用志不分，乃凝於神」；〈養生主〉：「庖丁解牛」寓言云「以神遇而不以目視，官知止而神欲行。」「靜心」，見〈達生〉「梓慶為鐻」寓言。

問，莊子稱之為「道術」（魏晉新道家稱之為玄學），也就是我們現在所說的「哲學」。哲學家在人文世界中的理想便是體現「內聖外王之道」，「內聖」在於提高人的精神境界，「外王」要在成就人的社會功能。莊子所標示的這一理想，由內到外，由個人修養到社會職能，深為歷代儒者所憧憬。自漢以後，以儒道為代表的社會文化中，主要成就在「內聖」方面，而「外王之道」則千載難逢[47]。

外王之道雖難以實踐，但這理想仍一代代地激勵著歷代士人及今日的知識分子。莊子提出「內聖外王」的理想，已有兩千三百多個年頭，經歷如此漫長的歷史洪流，我們重新審視莊子人文世界中這一理想，以之觀照現實世界，竟發現有如此奇妙的現實意義。

現在我們所處的世界，早已不再能閉關自守，國際關係無不處於互動之中，與今天普遍傳播的「地球村」觀念正相吻合；莊子的人文世界深具「宇宙公民」的意識。莊子所宣導的「齊物」思想中所蘊含的開放心靈和多邊思考的觀點，也極富現代意義。我們且依據文本來談談莊子「內聖」和「外王」的今古意義。

心學（「內聖」之學）——開放心靈與審美心境

莊子的「內聖」即以心學為其內涵，其心學是其生命哲學的核心部分。生命中形神（心）關係上，莊子提出「形全精復」的命題；從《莊子》討論形神作用的著名篇章中（如〈達生〉、〈養生主〉、〈德充符〉），他又特意突出心神、心思在生命創造中的靈妙作用。古人以為思維能力與精神作用均發自於心，莊子論心要在闡揚心神與心思的作用。心神活動創造人的精神生命，心神作用所開展的生命境界在各篇中呈現出風采各異的形態。此處我們僅就《莊》書中所論及心靈開放與審美意蘊，以見其現實人生的意義。

重視「心」，即重視生命，莊子並將「道」落實到「心」（「心齋」），給予心學以高度哲學理論化。回顧老、孔時代，從《老子》和《論語》上，心的議題並未受到足夠的重視，而且都屬於常識意義，但到了孟、莊時代，心的概念從他們的著作中

47 因儒、道均屬士人階層，無權無位來實現外王理想，唯有寄希望於人王，而大權在握者盡屬庸碌之輩，偶有例外者，魔王總多於超聖，掌權者與渾惡之徒似乎成了連體嬰，這情況時至今日之選舉文化喧囂的國度裏仍觸目可見。從中國歷史來看，漢初朝政曾吸納黃老道家思想，與民休養生息而形成「文景之治」的好景；唐太宗也曾吸收老子有容乃大的學說而形成「貞觀之治」的局面。不過儒家德治主義的外王理想則不如道家幸運，漢武帝一朝採納董仲舒「罷黜百家，獨尊儒術」的建議，儒家「攻乎異端」的學說成為專制政體的理論護符，使儒者在中國言論史上千載蒙羞。

大量出現，而且賦予豐富而多樣化的內涵。由心的議題之被突顯，反映了春秋末到戰國中期這兩百年間，人類處於極端的情境之下，生命意義這一課題受到孟、莊時代的人所迫切關注。人類如何在困境中來脫困，在險境中來脫險，在孟莊看來，問題的根源就在於人心。

孟子側重心的道德意識，莊子則彰顯心的審美意蘊。孟、莊從不同角度突出人心的議題，反映了人類主體意識覺醒的時代特徵。

儒家提出道德召喚以濟世，但他們在維護禮制及「克己復禮」的主張上，引起了莊子學派的強烈批評。《莊子．田子方》指出，儒家「明乎禮義而陋於知人心」，這是《莊》書外雜篇的諸多論評中最為敏銳的評語。莊子學派對儒家的諸多評論，根源仍在於心學的基點上。

在莊子看來，心理現象是千變萬化的，在〈列禦寇〉中指出：「凡人心險於山川，難於知天；天猶有春秋冬夏旦暮之期，人者厚貌深情。」不過，莊子學派主要認為心呈現出正反兩種對反的情狀：從負面看為「蓬心」、「成心」、「機心」、「賊心」，從正面看則為「以明」、「虛室」、「靈臺」、「靈府」、「宇泰」。[48]

心的不同樣態，並不是先驗的，而是因著主客觀條件的影響而形成的。除客觀環境的限制因素之外（如〈秋水〉謂井底之蛙受到時間、空間、教育的限制），主觀的努力、修持，也可以使封閉的心靈提升到「以明」、「靈府」的開放心境。莊子應用「十日並出」（〈齊物論〉）和「井底之蛙」（〈秋水〉）的寓言，形象化地描繪了多邊思考的開放心靈和單邊思考的封閉心靈的迥然不同。

心靈的虛通，才能發揮出靈妙的作用，莊子稱之為「靈府」。在〈德充符〉中有一段話對「靈府」做了精彩地描寫：「使之和豫通而不失於兌；使日夜無隙而與物為春，是接而生時於心者也。」莊子認為只有保持「和順」、「豫悅」、「暢通」的心境，才能「與物為春」保持著「春和之氣」，使自己如春天般生機活潑。莊子「與物為春」的心境，使人遊目騁懷與外界交接而產生和諧之美好感應，實乃人生藝術化的最高境界。

莊子在強調培養開放心靈的同時，也提示人們培養一個藝術的、審美的心境——

48 「蓬心」出自〈逍遙遊〉，「成心」出自〈齊物論〉，「機心」出自〈天地〉，「以明」出自〈齊物論〉，「虛室」出自〈人間世〉，「靈臺」出自〈達生〉、〈庚桑楚〉，「靈府」出自〈德充符〉，「宇泰」出自〈庚桑楚〉。

這就是「遊心」之所以成為莊子哲學的核心觀念。

心靈的開放與審美心境的培養，需要一番「內聖」的工夫——通過「聚精」、「養氣」、「凝神」、「靜定」，才可使心靈呈現出「虛」、「通」的開豁狀態，即〈外物〉所謂「目徹為明，耳徹為聰……心徹為知……心有天遊」。莊子認為心靈通徹能開顯智慧，心靈與自然共遊，才能體會天地之美（〈知北遊〉：「天地有大美而不言。」），能品味至美而遊於至樂的人（〈田子方〉：「得至美而遊乎至樂。」）被莊子稱為「至人」。可見在莊子的境界哲學中，人生最高的境界是藝術境界，而藝術境界要高於道德境界。

治道（「外王」之道）——齊物精神與多邊思考

莊子所處的戰國時代，大小國家不停爭鬥，在〈則陽〉中借用蝸牛頭上「觸蠻相爭」的寓言，形象化地譏諷了當時國與國之間的軍事衝突：「有國於蝸之左角者曰觸氏，有國於蝸之右角者曰蠻氏，時相與爭地而戰，伏尸數萬，逐北旬有五日而後反。」

統治權力的應用不當，給人民帶來莫大的災難，莊子對歷史和現實都做出了最深層的反省。他在〈人間世〉中，指出在歷史的長河中歷代帝王「其用兵不止，其求實

（利）無已」導致人類的一部互斫的歷史！莊子的透視與譏諷，時至兩千多年後的今天讀來，仍具有現實意義。在我們生活的時代，從兩次世界大戰到二〇〇一年美國遭到「九一一」恐怖襲擊和中東戰火的點燃，人類仍不時處於相互屠殺之中。據媒體報導，在過去的一百年間，人類只享有二十六天安寧的日子。回想十九世紀的尼采，已經看到了西方文化的危機，但尼采沒有看到他身後更深刻的危機。尼采為西方文化把脈，認為病根在於基督教的道德觀，因而他沉痛地說過這樣的話：「人類是病得很深的一種動物。」但在西方強勢主導下的今日世界，人類面臨的災難及病情，比尼采所透視的真相更加嚴重。

權力運用不當，最顯著的事例，莫過於一九三〇年代，納粹的希特勒（Adolf Hitler, 1889-1945）發動戰爭，使歐洲喪失三千多萬人命，日本則發動東亞戰爭，且瘋狂地屠殺無辜平民，全世界在二次大戰中死於非命者高達七千萬人。經歷這次慘痛的教訓，霸強間的軍備競賽至今仍未休止，在「恐怖平衡」中維持著內弛外張的和平。然而世代仇恨，依然讓中東戰火不息，而此前印度與巴基斯坦（Pakistan）、北愛爾蘭（Northern Ireland）、巴爾幹半島（Balkans）也一樣衝突不斷，強權的主導正是各地動亂不已的根本原因。兩次海灣戰爭，我們從電視螢幕上目睹美軍對民房、橋樑的狂轟濫炸，入侵伊拉克的理由、謊言之外，[49]所剩下唯一理由便是美式的口號：「給伊拉克人民帶來自由、民主。」但舉世的人在鏡頭前看到的是所向披靡的殺戮暴行，有位烽火餘生的婦女在她丈夫和子女的屍體旁嚎啕大哭，叫嚷著：「美國人說要給我們自由，看看，給我們的卻是恐懼和死亡！……」這情景讓我們久久不能忘懷。現在美國當權者不敢再對中東人民喊「民主」，因為無論伊拉克、巴勒斯坦，依民主的多數決原則，他們絕大多數的人民都要求建立一個回教的政府和國家，這願望和以基督教基本教義為意識形態的美國右翼政權正相背離。美軍及其代理人在中東的窮兵黷武，這場現代化的「新十字軍東征」，喚起人們歷史的記憶，西方文化中表現出如此突出的好戰作風、排他性格、暴烈行徑，究竟來自什麼樣的傳統？什麼樣的教義？或許我們可以在基督教的《聖經》（*Bible*）中找到部分的答案。《舊約》樹立了一個至高無上的、唯一的上帝，從戰神耶和華（Jehovah）的威權性格及其足跡所至之處瀰漫著一股濃烈的肅殺之氣，[50]可探尋出個中端倪。基督教文化和回教文化原本是「人民內部的矛盾」，如今卻演成不可共存之仇，這越發使我們想起東方的智慧來！

莊子創造了許多富有哲理性的寓言，提示人們以己度人產生意想不到的後果，甚而出於善意地推己及人也常會帶來難以挽回的結局。如魯侯養鳥（〈至樂〉）、渾沌之死（〈應帝王〉）、拊馬不時（〈人間世〉）等寓言，都在於警惕人類自我中心而導致對他人他物的傷害。魯侯將海鳥迎接到太廟，置酒食以宴飲，奏古樂以取悅，「鳥乃眩視憂悲，三日而死」，魯侯固然出於美意，但「此以己養養鳥也，非以鳥養養鳥也」。當今強權到處削足適履地輸送一己的意識形態，卻昧於了解不同國度不同文化的獨特生活方式，合模化取代了個殊性的美式速食文化之擴展，從而也摧毀了無數不同民族的文化遺產！〈齊物論〉說，「物無非彼，物無非是，自彼則不見」，以「成心」進行單邊思考，就如「北海之帝」、「南海之帝」那樣，即使出於美意，對其他民族文化進行「日鑿一竅」，其結果卻造成了渾沌之死。

《莊子・齊物論》借寓言人物齧缺向王倪提出這樣的一個哲學性的問題：「你知道萬物有共同的標準嗎？」莊子借兩者對話先寫出「一問三不知」的著名典故，而後

49 布希政權入侵伊拉克首先編織的理由是伊國已有核武設施，美軍全面佔領巴格達之後，遍地搜尋未得絲毫證據。另一入侵的理由是海珊牽連「九一一」事件，但布希本人剛在「九一一」攻擊事件五週年的演說中承認，海珊和「九一一」襲擊並無關聯。

50 根據《舊約》的記載，遭耶和華所擊殺的人，有數字可稽者共達九〇萬五〇一五四人之多，而無數字可查者，為數更多。詳見拙著《耶穌新畫像》（北京：中華書局，二〇一八年）。

假王倪之口列舉人和動物對於住所、口味、美色的不同反應；人和動物、動物和動物之間，在生活習慣、識別能力、審美趣味各方面，都存在著殊異性，但人類自我中心總是以己意去斷他物，不斷做出損害自然界的舉動。由是觀之，今天人類的毀壞生態環境，且造成大氣臭氧層的嚴重破壞，人類將要付出難以估量的代價來應付自然界的回報。

莊子在〈齊物論〉中，一方面指出人類封閉的心靈、成見之心（「成心」），形成個人自我中心、宗派自我中心、國家自我中心乃至人類自我中心所導致片面觀點的局限性，另一方面開導人們培養開放的心靈（「以明」、「靈府」），對他人他物進行多邊思考。

〈齊物論〉所表達的齊物思想，到現代仍具有其特殊意義。讓我們來聽聽莊子所說的話語，如謂：一、「物固有所然，物固有所可。無物不然，無物不可。」這是說任何人物、事物（「物」）都有它值得肯定（「然」）的地方，也有它值得讚賞（「可」）之處；我們要從事物的特點去觀照它，從人物的長處去觀賞它。二、「唯達者知通為一，為是不用而寓諸庸。」這是就臻於道境的通達之士，在道的整全視角的觀照下，才能了解每個族群、每一個體都可相互會通的，因而不必固執於自己的成見而能寄寓在各人各物的功用上（「寓諸庸」）。三、「以隸相尊……萬物盡然，而以是相蘊。」這就是說將低賤的和尊貴的等同看待，萬物都能相互包容。「相尊相蘊」這一命題，正是言簡意賅地表達了齊物的精神。

統言之，莊子的「內聖」之功，要在培養開放的心靈與審美的心境，「外王」之道，要在涵養各色人等「相尊相蘊」的齊物精神與體現出「十日並出」[51]，普照各方的多邊思考。而齊物精神與多邊思考的廣大格局，則根基於開放心靈與審美心胸。開放心靈才能養育一個多彩的世界，審美的心懷才能化育出一個有情而充滿和諧之美的天地。莊子人文世界所代表的東方智慧，正是我們這時代所欠缺而最需要的。

本文為二〇〇六年五月中旬應成功大學法鼓人文講座之邀所作講稿，暑假期間撰寫成文，九月十七日完稿。刊於《道家文化研究》第二十二輯，北京：三聯書店，二〇〇七年十月。

51 典出〈齊物論〉昔者堯問於舜一節：「昔者十日並出，萬物皆照，而況德之進乎日者乎！」

從老莊談宗教的人文精神

二〇一〇年，北京師範大學人文宗教高等研究院舉辦首屆人文宗教高端論壇講座，這篇文章是我當時的演講。這是我第一次從老莊哲學的角度來討論人文宗教，分為三個方面來談：第一，我人生旅途中幾個重要階段的難忘遭遇，如孩童時代在日機轟炸中逃難，青年時代從參加保釣開始體驗國際強權的專橫，追溯霸權意識形態的根源，都與極權宗教有關。第二，從中國文明的開端所出現的祖先崇拜，來談中國人文宗教源遠流長的歷史。第三，從老莊思想來對比宗教的人文精神。

一　極權宗教的形式

我出生在鼓浪嶼，不久隨父母回到祖籍汀州，汀州地處福建西邊的山區，我家住在長汀城裡。從我有記憶開始，就處在一個戰亂不安的年代，內憂外患接續不斷，總過著驚慌逃難的日子。我小時候記憶最深的就是日本飛機不停地轟炸貧民百姓，每回緊急警報一拉，母親拖著我往郊區跑。解除警報之後，在回家的路上，看到整條街房子在焚燒，屍體橫在馬路上，甚至有的還吊在電線杆旁邊。日本飛機是從臺灣起飛的，轟炸一個如此偏僻且沒有軍事價值的窮鄉僻壤，唯一可能的原因就是廈門大學遷到長汀。兒時目睹的景象，到中青年時代有著更強烈的體認，那是受了七〇年代保釣運動的激發。一九七二年我訪美，在加州大學校園裡看保釣留學生放映南京大屠殺的紀錄片，太震撼了！鏡頭記錄下當時的景象，一卡車一卡車的屍體搬運上去，然後看到日本兵用刺刀殺老百姓、小孩，捅婦女的肚子。這個鏡頭讓我終生難忘。

為什麼我會追憶這段動盪時代的記憶呢？因為我一生都是在這種動盪不安的環境中生活，後來我又看到日軍在東北做活人實驗的鏡頭，這種殘酷性不亞於納粹，西方人不斷批判納粹主義，但亞洲人對於日軍兇殘的行為卻一直沈默，如人們常常講的，歷史可以寬恕，卻不能原諒。

十四歲那年，我隨父母到臺灣，就讀初中二年級，那時兵荒馬亂，教室裡駐滿了從大陳、馬祖撤退的軍隊。懵懵懂懂地高中畢業，讀臺灣師範大學歷史系，後來重考臺灣大學中文系，再轉到哲學系，從大學到研究所專業都是哲學。進入臺大讀書，是我在思想上的一個啟蒙階段，一方面由於許多老師是出身於西南聯大和北大的，在校風上承襲著五四時期的自由學風；另一方面西風東漸，影響著臺灣的社會風氣。整個大學階段，課程上主要以西方哲學為主。修完大學課程，進入研究所，這時深感西方哲學理論體系固然龐大而嚴密，但其理論最終總不可避免地要搬出上帝，這在理智上很難令我信服，在感情上尤其難以接受。正如尼采所指出的，西方傳統哲學注入了過多的神學血液。就在這一時期，基督教校園團契滲透到各大學周遭，促使我投入了相當長的時間和心力研讀《聖經》。

翻開《舊約》，開始就呈現出「極權宗教」的作風。上帝被描述成一個很專橫的統治者，他可以隨意塑造人，也任意地毀滅人；要人絕對地服從，他只關心自己優越的地位，唯恐人跟他平等。《聖經》裡第一次洪水不曉得導致了多少人死亡，接著這位種族之神動輒即殺眾人。根據我的統計，被耶和華擊殺的人多達九十萬五千一百五十四人，凡是遇到他不順心的、不順從的，就任意擊殺，這些《舊約》裡都有記載。如《民數記》（*Numbers*）一六．四九記載：以色列（Israel）人民對摩西（Moses）不滿，耶和華就降瘟疫，擊死一萬四千七百人。這類例子我可以列舉幾十條，我再舉一個我記憶深刻的，《撒母耳記》（*Samuel*）下六．七中有一個記載我覺得不可理解：一輛牛車載著上帝的約櫃，「因為牛失前蹄」，車子失去平衡，趕車的烏撒連忙伸手去扶住約櫃，耶和華不但不感激，反而「向烏撒發怒，因這錯誤擊殺他，他就死在上帝的櫃旁」。這些都是「極權宗教」所記載的事例。

在《新約》中我們可以看到耶穌的反叛，耶穌的宗教觀不能被保守派所容忍，最後非常殘暴地被釘在十字架上。不過我們從《新約》也可以看到，耶穌說過許多反對家庭倫理的激烈言論，比如《馬太福音》（*Gospel of Matthew*）十章三十四到三十六節：「我來，並不是叫地上太平，乃是叫地上動刀兵，因為我來是使兒子反抗父親，女兒反抗母親，媳婦反抗婆婆。人的仇敵，就是自己家裡的人。」兄弟要陷害兄弟而置之於死地，人的仇敵就是他自己的家。《馬太福音》十章二十節：「兄弟要陷害兄弟，而置之死地；父親要拋棄兒子，而置之死地；兒女與父母為仇，害死他們。」

在上個世紀六十年代後半期，在反覆研讀新舊約之後，我出版了一本《耶穌新畫像》，我寫作的最大動機是期望世界上有影響的宗教，能夠從極權宗教走向人文宗教。所謂「極權宗教」就是承認外在有一個不可見的力量主宰著世界，人類在這種力量的控制中必須對他順服、崇拜。這種宗教信仰，順從是最高的美德，不信是最大的罪惡，上帝被視為全知、全能，人卻是卑微而無意義的。而「人文宗教」則是關愛人類的處境，關懷人與人之間的關係，給人在宇宙中適當的地位。早在西周時代，中國的宗教已經具有濃厚的人文色彩，在「敬德保民」的宗旨下，倡導「民情大可見」、「天視自我民視，天聽自我民聽」提出「民，神之主也」、「神，依人而行」的觀點，這些言論都散見於《尚書》、《左傳》等典籍中。這種宗教信仰的目的是要發揮他最高的才能，而不是強調人的無助和無能，人的美德是要實現人的理想而不是盲目的順從。當然，在《聖經》中我們也可以看到走向人文宗教的一些言論，比如說「人打你的左臉，你右臉也伸給他打」，愛和寬恕會推動人們去做一些慈善事業，許多宗教團體在天災人禍發生時伸出援助之手，比如救助痲瘋病人、參與救災等等。這一點上各種宗教都有它的人間性，有它的救世的一面，有它的博愛精神，這些都可以稱為「人文宗教」的走向。

從極權宗教轉向人文宗教需要漫長的路途。幾十年來從我的生活經驗中，看到大國強權依然表現出軍國主義的作風，對其他的國家民族不停地發號施令。一邊高喊自由民主，另一邊卻進行軍事擴張。九一一事件後，中東正在進行的一場新的「十字軍東征」，這種霸權背後的歷史根源就是極權宗教。

我在臺灣的校園生活中，給我帶來一生的重要轉捩點，那就是一九七一年到一九七二年的保衛釣魚臺運動，我們簡稱「保釣運動」。這運動使我在現實上更認清楚大國強權軍事擴張動輒武力相向，其意識形態的根源正是極權宗教。

釣魚臺是漁民在臺灣北部經常捕魚和休息的地方，在歷史上有文獻記載，是我們的領土。可是美國蠻橫地把它轉給日本，想想看，美日聯手再度進入到臺灣海峽，這無異於卡住了臺灣與大陸十幾億人的咽喉。

一九七一年冬到一九七二年，校園裡掀起了「保釣運動」，先是從歐洲、美國——特別是美國的留學生開始了保土愛國運動。因為受到長期輿論宣傳的影響，我們都把美國看作「自由民主」的聖地，所以對於為什麼美國硬要把我們的領土交給我們有世仇的日本，這就令我們大惑不解。一九七二年我藉著探望我妹妹的機會來到美國，在美國從西到東跑了一圈，我很驚訝地發現，一個號稱「自由民主」的國家，怎麼會用坦克大炮支持中南美洲，以及亞洲的很多獨裁政權，又把很多已經變成民主的政權顛覆掉，恢復到獨裁統治。我在美國接觸到許多參與保釣運動的留學生，保土運動激發了我的民族意識，當我看到南京大屠殺的實錄鏡頭時，立刻聯想到兒時日本飛機轟炸的景象。這個時候，大一時期所必修的中國近代史也在我腦海裡產生了一層新的意義。此時一個巨大的問號在我內心盤旋著：西方不少強權國家「自由民主」喊得最響亮，而軍事擴張也最為急速。現在想來，這離不開它的「極權宗教」的根源。

二　中國的「人文宗教」

對比「極權宗教」，中國的「人文宗教」則有著悠久的歷史。中國從有文字記載的殷周時代開始，在宗教活動中就顯示出祖先崇拜的特點。中國人的祖先崇拜在世界的各大宗教中顯得十分特別，出土的甲骨文文獻中，已經出現了「孝」、「德」等宗法倫理概念。周代繼承殷代的文化而向前發展，周公制禮作樂，將宗法倫理從政治層面推向更普遍的社會階層。

大約在西元前四世紀的時候，希臘、中國、印度都有關於洪水為患的紀錄。我們所熟知的《舊約》就有洪水為患的記載，不過那是耶和華在行使他的大能，他用洪水來淹滅全球，是上帝懲罰人類的一種天災。這跟中國的歷史和神話很不同，不管是大禹治水，還是其他有關的神話，都是以治水平土、造福人類為主題的傳說，以肯定人力的重要性，強調用人力來解決自然的災難，這與基督教《聖經》天譴說有很大不同。因此可以說，中國的神話很富有人本思想和人道精神，和其他民族的「極權宗教」很不一樣。

中國古代神話中的盤古開天闢地、女媧補天都隱喻著人文宗教的內涵。再比如《莊子》中「混沌之死」、「十日並出」的寓言，都把神話轉化了。尤其是「十日並出」的神話，原本是描述后羿射下九個太陽，但莊子卻創造性地轉化為人類開放心靈的寫照。

現在我們再談談中國人文宗教中祖先崇拜的幾個要點，那就是敬天、孝祖、保民。這裡我特別就後兩點，從老莊角度來講孝的德行。《詩經．大雅》說「有孝有德」，「德」是對天而言，「孝」是對祖先而言，所以「德」與「孝」成為周代統治階層的重要道德規範、道德原則。而祖先崇拜中，祭祖、祭祀的活動很多，這在儒家尤其突出。我個人一向較偏愛道家，對儒家我較肯定它的尊尊親親在社會層面的作用，但在政治言論層面，儒家攻乎異端的主張就顯得心胸狹隘，思路遠不如道家開闊。不過在祖先崇拜上，儒家確實影響很大，這個我們要承認，所以儒家的孔子與道家的老子都敬鬼神而遠之，把鬼神放在「道」的下面。很多人認為老子是反倫理者，這是錯誤的，《老子》〈十八章〉、〈十九章〉講「孝慈」、「民復孝慈」，「孝」、「慈」很重要；《老子》也講仁，〈八章〉「與善仁」，人和人來往要講仁愛，把仁慈視為「三寶」之一。講到祖先崇拜、孝道，其實儒、道是有同有異的，有異是它表現的方式不同。道家的講法更合乎自然，更合乎人性。

《莊子．人間世》講到「天下有大戒二，其一命也，其一義也。子之愛親，命也，不可解於心。臣之事君，義也，無適而非君也，無所逃於天地之間，是之謂大戒」。每次當我讀到這裡的時候，都為親情之愛的不可解於心所深深觸動。〈山木〉有一則記載賈國人逃亡的故事，說林回捨棄了價值千金的玉璧，背著嬰兒逃跑（「棄千金之璧，負赤子而趨」），有人問他為什麼這樣，林回回答說：「彼以利合，此以天屬也。」莊子這裡把人們對於嬰兒子女的愛視為天性的關懷，「此以天屬」體現了道家在親子之愛中人性的自然流露。

關於親情之愛我再舉兩個例子，〈天運〉中寫著，商太宰問莊子什麼是仁，他回答說：「虎狼，仁也。」問說為什麼，又回答說：「父子相親，何為不仁？」莊子又將父子相親由人類擴大到物類，這是莊子了不起的地方。到了宋代程顥所說「仁者渾然與物同體」，這正是延續了莊子的精神，把原始儒家限於人際關係中的仁愛擴大到宇宙萬物。商太宰又問什麼是孝，什麼是最高的孝。莊子接著孔子用「敬」表達孝心的議題，展開了一段精闢的論述，他說：「以敬孝易，以愛孝難；以愛孝易，以忘親難；忘親易，使親忘我難；使親忘我易，兼忘天下難。」這裡的「忘」並不是說忘掉父母，而是安適之至謂之「忘」。讓父母親過得安適，愛也就蘊含在其中；讓父母親舒適比較容易，讓父母親不牽掛你更難。這讓我想到莊子〈庚桑楚〉中的一段話：「碾市人之足，則辭以放驁，兄則以嫗，大親則已矣。」這是說，踩到一個路人的腳，賠罪說對不起，哥哥踩到弟弟就憐惜撫慰，父母踩了子女的腳，就什麼都不說。「大親則已」，這表達了親情在人性中自然的流露。因此，我這裡講祖先崇拜，講「德」講「孝」，講「德」主要是講老莊將德從倫理意義推進擴展到世界觀意義，講「孝」主要是講如何順應人性之自然、人情之自然。

《莊子．駢拇》還說「仁義豈非人情乎」，這裡強調仁義要符合人情、人性。總之，先秦諸子共同地推動了人文思想的發展，儒、墨、道、法共同匯成了一股強大的人文思潮，這比西方提早了一千多年，中國的人文精神可謂源遠流長。

三　老莊與人文宗教的對比

最後我要從宇宙意識與宇宙視野來談談老莊與人文宗教的對比。

現在科技發展越來越全球化的趨向是不可避免的，無論天災還是人禍。然而，我們看到從二次世界大戰到現在，強國霸權依然不停地在進行對別國的軍事干擾與威脅。正是在這種情勢下，二〇〇七年夏天，中國道教協會在西安舉辦了「《道德經》論壇」，主題就是「和諧世界，與道相通」。這不只是道文化向世界各大宗教發出的一個對話資訊，也是我們東方人面對西方一個多世紀以來的擴張主義所發出的人類要求和諧的心聲，這個資訊和心聲具有十分重要的時代意義。此時此刻，我想到莊子〈齊物論〉中所表達的世界各民族「相尊相蘊」的齊物精神。莊子看到不同黨派、宗派、學派因為成心的作用，用《淮南子》的話來說，每個人都「自是而非人」，不停地捲入是非爭辯。「以是其所非，而非其所是」，他們各自肯定對方所否定的而非議對方所肯定的，將原本整全的世界分離割裂。因此，莊子提出要培養開放的心靈——「莫若以明」，用「以明」之心來涵容不同的價值觀。孟子曾經在〈萬章〉引用孔子「天無二日」的話，莊子卻用「十日並出」來表達寬闊的胸懷，它告訴我們，在天地之間多民族不是只有一個中心價值，而是允許有多個中心價值的存在。而莊子這種多元並存的思想跟《聖經》有很大的不同，《舊約》裡的耶和華不但不允許有兩個太陽，而且宣稱他就是真理、唯一的真理，這是獨斷的。莊子〈齊物論〉講「恢恑憰怪，道通為一」，如果從我們現在的觀點來說，它的意思是基督教有基督教的中心價值，伊斯蘭教有伊斯蘭教的中心價值，佛教有佛教的中心價值，道教有道教的中心價值，即使它們彼此的中心價值是千差萬別的（「恢恑憰怪」），但是它們在宇宙中是可以相互會通的（「道通為一」）。

我們回顧百家爭鳴的先秦諸子，他們各自的學說雖然有很大差別，但都著眼於人間關懷。而老莊和其他諸子的不同，他們既懷有人間情懷，又能將人們的胸懷提升到天地的境界，更擴及到宇宙的視野。諸子多強調社會秩序與人間和諧，而莊子不止關注社會秩序與人間和諧（「人和」），又由宇宙和諧（「天和」）論及人類心靈的和諧（「心和」）。然而，我們今天所處的世界依然擾攘不安。我多次遊歷歐洲，有一次停留一個學期之久，對歐洲歷史文化有了設身處地地感受，比從書本上更能獲得一種實際的領會。在激賞他們的文化傳統之餘，還讓我思考這樣的一個問題：為什麼兩次大戰都是由西方發起的？這是不是與西方的世界觀與人生觀是相連的。這個問題在我腦中盤旋了很久，我才想到當代新道家金岳霖先生和方東美先生著作中批評西方征服自然的世界觀以及英雄主義的人生觀。西方物化的生活方式，不停地對環境資源榨取，對地球生命毀損，尤其是在民主和人權的呼聲之中又把軍事擴張的觸角伸向了和它的生活方式不同的國度。這些年來，讓我經常想到尼采在《反基督》中所說的一句話：「人類是病得很深的動物。」這是我前面一再說的，它的根源與極權宗教的信仰有關。

雖然極權宗教也有從人提升到天的思維，但與老莊在宇宙意識上的思想視野不同。老莊之「道」要在生命境界的提升，以前曾有人將老莊的「道」譯為「God」，我認為不妥。《聖經》裡的「上帝」是全知、全能的，不允許有任何懷疑，非常獨斷，而《老子》書中所說，人們為什麼會「尊道貴德」，是因為道對萬物採取「莫之命而常自然」的態度。《老子》書中一再強調道「生而不有，為而不恃，長而不宰」，人學習道，就是要發揮創造意志，收斂人的佔有衝動。這種創生作為而不把持、不佔有的精神，跟耶和華的「長而宰之」的作風完全不同。莊子的道論比老子更為豐富多彩，一方面他繼承老子道生德蓄的觀念，把道說成是生生者——創生生命的生命體，進一步把道的創生性說成是一種藝術性的創造，所謂「刻雕眾形」，世間萬事萬物就像一個藝術寶庫。另一方面，莊子特別強調宇宙是一個大化流行的變動過程，道純任自然，使萬物遵照各自的本性發展。〈齊物論〉又說「恢恑憰怪，道通為一」，這是說，在宇宙間萬物互為主體，和諧存在。老莊的「道」與《聖經》的「上帝」最大的不同在於，在老莊的宇宙視野下，每個民族都有不同的中心價值；而《聖經》透露出的是唯一的、獨斷的中心價值，它不允許各種不同的中心價值的存在。

老莊的道和極權宗教的上帝的另一個很大的不同在於，極權宗教強調人類的原罪，和人性惡的一面。對於原罪這個觀點，方東美先生在*The Chinese View of Life*（一九五六年在香港友聯出版社出版）一書中有一段很精闢的看法，他講到中國的人文主義都是普遍生命流行的境界，整個天地間充滿了生機，精力彌漫，創進不已。他說歐洲人有一個習慣，「對人性既尊重又鄙視，從中國思想家的角度來看，這種說法是相當矛盾的，但是探究之下有它的根源」。他講「西方從古希臘開始就有一個很流行的奧菲斯教（Orphism），把人類分成兩種神祕的類別，一種是善的，另外一種是惡的。人的本性天生有截然不同的兩種成分，善良的靈魂陷於罪惡的軀體之中，你在這個世間就像在監牢一樣等待懲罰，只有靈魂從軀體裡解脫出來到達別的世界，真正的喜悅才有可能」。這種宗教人性二分法建立起神魔同在的形而上學的理論，使得宇宙截然二分。方先生認為這樣的一種人性觀是惡性的二分法，這個跟中國人文主義照耀之下的人性是不同的。

本文為二〇一〇年十二月二十八日北京師範大學人文宗教高等研究院首屆人文宗教高端論壇講座演講稿。初稿由許豔華根據演講錄音整理，林光華、李春穎協助修改完稿。

二〇二三年三月重新修訂。

異質文化的對話

《莊子》這部書，常運用不同學派人物間的對話來表述其人生哲理。時而借孔門師生的對話，表述「心齋」、「坐忘」等重要學說；時而以莊、惠的思想交鋒引出「無用之用」、「有情、無情」及「濠上觀魚」等哲學議題。

在中國文化史上，儒、釋、道三教長期進行著思想交流，其中莊子哲學的精神發揮了極其關鍵的作用。魏晉時期佛學漸興於中土，道家有接引之功；莊、禪匯合，更在隋唐以後產生輝煌的文化成果；北宋儒學排斥佛老，卻暗引莊子思想以建構其理論體系，宋明大儒的人生境界，事實上多為孟、莊精神境界之重組。近代以來，民主、自由、平等的觀念蔚為時代思潮，〈逍遙遊〉中隱含的自由精神和〈齊物論〉中隱含的平等理念被文化界不斷地闡揚。當嚴復藉譯著引進自由、民主思想觀念，並思考如何落實於母體文化的土壤時，便尋找到老、莊哲學作為接合之處；章太炎則在詮釋〈齊物論〉時，闡發其族群文化平等的學說。

在當前全球化的趨勢中，莊子的視角主義（perspectivism）以及破除自我中心的論點（由個人自我中心、族群自我中心到人類自我中心），對於當前東西方異質文化對話的進行，具有寶貴的時代意義。

一　以生命為主題的《莊子》

生命的流程不是單向的或單一化的，總是由不同的成素匯合而成。在我的人生歷程中，自青年時代開始，由尼采的路途進入莊子的領域，此後，尼采的「衝創意志」（Der Will zur Macht）、酒神精神和莊子的逍遙意境、齊物情懷，便在我的內心中長期進行異質性的對流。

尼采激發潛能的意志哲學和莊子「獨與天地精神往來」的境界哲學，似乎正相對反，但二者都以謳歌生命為主題。尼采《查拉圖斯特拉如是說》（*Also Sprach Zarathustra*）說：「生命是歡愉的泉源。」「世界如一座花園，展開在我的面前。」「莊周夢為蝴蝶，栩栩然蝴蝶也，自喻適志與。」視天地如一座多彩的花園，人猶如蝴蝶一樣翩然飛舞。依莊子看來，在宇宙大化發育流行中，人的一生翛然而來，倏然而往，安時而處順，無往而不樂，莊子對死生的達觀的態度，正如印度文豪泰戈爾（Rabindranath Tagore）所說：「願生時麗如夏花，死時美如秋葉。」（Let life be beautiful like summer flowers and death like autumn leaves.）[1]

先秦諸子在殷周人文精神的照耀下匯成一股澎湃的人文思潮，春秋戰國之交呈現出百家爭鳴的思想大格局，諸子在世界觀與人生觀上雖然各呈其說，但都關懷現實人生。以儒道為例，孔孟闡發道德人生，而老莊闡述藝術人生，兩者相互輝映。

在形神合一中，「神本形具」[2]為道家各派的基本主張。《老子》五千言多屬治世之道，但也倡導「貴身」。《老子．十三章》說：

> 故貴以身為天下，若可寄天下；愛以身為天下，若可託天下。

明確提出「貴身」、「愛身」的思想，即重視生命的體現，老子還進一步強調生命比身外之物更為重要；[3]《莊子》尤其突出生命的主題。「生命」一詞在先秦時期已經出現，[4]而時至今日，「生命」這一議題尤其富有時代的意義。

我們說《莊子》哲學以生命為主題，內七篇的主要論旨可以為證。下面我簡略地說說：

〈逍遙遊〉開篇以豐富的想像力借鯤鵬之巨大，襯托出心靈的寬廣，借鵬之高飛拉開了一個蒼茫無際的無限世界，主旨為「遊於無窮」[5]，即是精神遊於自由適意之無窮境域。〈逍遙遊〉鯤化為鵬的寓言，喻示著人生歷程中如鯤一般在溟海中深蓄厚養，經年累月的積厚之功轉化生命的氣質。在生命氣質由量變到質變的轉化過程中，主體不斷地發揮主觀能動性（「怒而飛」），掌握客觀的時機趁勢而起（「海運」、「六月息」），所謂鵬程萬里就是預示著精神生命的層層超越，層層遞進，以臻於宇宙視野。

〈養生主〉以護養心神為主題，開篇提出「吾生也有涯，而知也無涯。以有涯隨

---

1 泰戈爾，《漂鳥集》（*Stray Bird*）。

2 司馬談，〈論六家要旨〉：「神者，生之本也，形者，生之具也。」這是說心神是生命的根本，形體是生命的具現。

3 《老子．四十四章》：「名與身孰親？身與貨孰多？得與亡孰病？」這是說聲名和生命比起來哪一樣更值得愛惜？生命和財貨比起來哪一樣更為貴重？得到名利和喪失生命哪一樣更為有害？

4 《戰國策．秦策三》：「萬物各得其所，生命壽長終其年而夭傷。」

5 如〈則陽〉所說的「游心於無窮」。

無涯，殆矣……。為善無近名，為惡無近刑，緣督以為經。」這是一段令人費解又發人深省的話，其主旨則在於「緣督以為經」6。莊子在這裡所講的善、惡使我產生幾方面的聯想：一是尼采「超越善惡」（beyond good and evil）的觀點（《善惡之外》〔*Jenseits von Gut und Böse: Vorspiel einer Philosophie der Zukunft*〕）；其次是羅素在《中國問題》中所說的：「中國也許可以視為一個藝術家的國度，她具有藝術家所具有的善惡之德：其善主要有利他人，而其惡卻足以危害自己。」第三，此時此刻我更會想到莊子在人世中對價值判斷常秉持的相對性主張。如果我們思考莊子時，看到他總是悄然將儒家的道德人生轉化為藝術人生的話，那麼我們會發現，此處他也是將世俗的善惡價值觀轉化為順應自然的處世哲學。7

家喻戶曉的「庖丁解牛」的故事，正是莊子藝術人生活動的最佳寫照。〈德充符〉和〈養生主〉一樣，篇題便以闡揚生命為主旨。〈養生主〉以庖丁解牛之精湛技藝而呈現於社會人生的舞臺上。〈德充符〉則以開拓內在生命價值為主旨，通篇以對比反差的手法描繪著形殘人士內在人格的魅力，以形體醜而襯托心靈美。在後文「才全」一節更進而闡發了審美的心胸。

以「內聖外王」為人生理想，最早見於《莊子．天下》，這也是後來歷代哲學家所追求的最高目標。〈逍遙遊〉、〈養生主〉和〈德充符〉都是論述個體生命，是對內在生命與價值的闡揚與開拓。〈德充符〉在篇末一段由個體生命談到群體生命，他說「有人之形，故群於人」，已經注意到了個體生命不能離開社群的生活。因此，他又談到〈人間世〉和〈應帝王〉，篇名就凸現了社群關係的問題。雖然〈人間世〉是討論外王的問題，可是它通篇在描寫知識分子，每一段都突出知識分子承載著時代的使命感，關懷著民瘼，所遭受的卻盡是悲劇的命運（「此以其能苦其身」、「自掊擊於世俗」），所以他不得不轉向了「心齋」說，這也是〈人間世〉最後留下的是「心齋」學說，即內聖學說的原因。

〈應帝王〉講的是治術，以有權勢的統治階層將收斂權術而為民服務的思路。在

---

6 「緣督以為經」，有諸多解釋，可以概括為兩種：一是指順應自然的常道；一是指保持中虛，如同〈人間世〉中所講的「養中」。詳見拙著《莊子今註今譯》（北京：中華書局，一九八三年）。

7 王博在《莊子哲學》中對此有另一個層面的論述，非常精闢。他說：「當道德優先的儒家和生命優先的莊子相遇的時候，他們的衝突就是不可避免的了。在生命的主題之下，道德註定要成為次要和從屬的東西。道德是捉摸不定的，儒家有儒家的道德，墨家有墨家的道德，但生命卻是唯一的，每個人都可以切近感受的東西。」

這一思路的鋪陳之下，最重要的是「心鏡說」。[8] 知識分子在政治舞臺上，本來也懷著鯤鵬展翅的理想，任公子釣大魚的「大達」[9] 志向，但「外王」的道路處處坎坷曲折，不得不轉向「內聖」的途徑。〈人間世〉篇末借楚狂接輿唱出了士人的悲愴之歌：「鳳兮鳳兮，何如德之衰也！來世不可待，往世不可追也。天下有道，聖人成焉；天下無道，聖人生焉。方今之時，僅免刑焉。」人生旅途中雖然荊棘遍布，但莊子並沒有逃遁到彼岸世界，而仍在人間世上如履薄冰地行進。莊子這種人生態度正是繼承了殷周以來堅忍不拔的人文精神，如《易經》中的「困」、「屯」、「履」、「坎」、「睽」、「蹇」、「震」等卦，都是描繪在困境中如何開拓人生。如果不能了解中華大地上數千年來的災難之多，也就不能了解它文化深層的一面。

〈逍遙遊〉最後一句話是「安所困苦哉」，吐露出莊子時代知識分子群體探尋精神出路的心聲。莊子處在戰爭連綿不息的戰國時代，如《史記．秦本紀》所說：「天下共苦，戰鬥不休。」他所處的宋國，宋偃君暴虐無道，其哥哥則昏庸無能，這可能是莊子從「外王」轉向「內聖」的重要原因。

總的來說，〈逍遙遊〉、〈養生主〉以及注重內在之德的〈德充符〉三篇可以看作表達「內聖」之說，而〈大宗師〉則是講個體生命如何通向宇宙生命。〈齊物論〉

的「道通為一」也是講人與天地萬物如何相通的問題，〈人間世〉與〈應帝王〉是表達「外王」之說，但是篇中論點又從「外王」漸漸轉向「心齋」、「心鏡」說。這都與現實人生及個體生命有關。

二 《莊子》中不同學派的對話

《莊子》一書中常論及不同學派人物的思想觀點，包含道家系列人物在內，書中所提及的先秦諸子，有三、四十人之多，其中也保存了不少諸子的佚文。（例如〈則陽〉提到接子、季真的「或使」、「莫為」說，以及〈天下〉保存了惠施名辯學說及其「合同異」、「泛愛萬物」的思想。）我曾指導過的一個學生，對《莊子》的人物

---

8 《莊子．應帝王》：「无為名尸，无為謀府；无為事任，无為知主。體盡无窮，而遊无朕；盡其所受乎天，而无見得，亦虛而已。至人之用心若鏡，不將不迎，應而不藏，故能勝物而不傷。」

9 《莊子．外物》：「夫揭竿累，趣灌瀆，守鯢鮒，其於得大魚難矣，飾小說以干縣令，其於大達亦遠矣，是以未嘗聞任氏之風俗，其不可與經於世亦遠矣。」

系譜做過詳盡的研究。[10]《莊》書中所出現的莊子學派與儒家和名家的對話，最值得我們注意的是，莊周往往借儒家人物之口表述自己的觀點，或者在與惠施的辯論中，將論題深入並轉入自己的學說，進而擴大雙方的視域。下面我們即以儒道對話和惠莊對話作為範例，解析《莊子》中學派之間對話的意義。

儒道對話：「明禮義而陋知人心」

在儒道對話中，最具典範性的例子是〈田子方〉中出現的仲尼與溫伯雪子的會面與對話。這個寓言藉歷史人物的相會，來表達不同學說的特點與相互交流的過程。溫伯雪子是楚國道家思想的代表人物，他在與中原儒者相會之前，以知性的、旁觀的態度指出儒家學說的特點，即「明禮義，陋知人心」。但在相會之後，溫伯雪子通過直覺的體會，感受到孔子行止「從容」，內外融合的境界。孔子則「目擊而道存」，直接感悟到對方由內而外呈現出來的道的精神境界。心既可以通過理性，也可以通過感性得到提升。儒道兩家通過交流，相互欣賞，彼此獲得更為深入的了解，以及生命的感染和交通。

溫伯雪子適齊，舍於魯。魯人有請見之者，溫伯雪子曰：「不可。吾聞中國之君子，明乎禮義而陋於知人心。吾不欲見也。」至於齊，反舍於魯，是人也又請見。溫伯雪子曰：「往也蘄見我，今也又蘄見我，是必有以振我也。」出而見客，入而歎。明日見客，又入而歎。其僕曰：「每見之客也，必入而歎，何耶？」曰：「吾固告子矣：『中國之民，明乎禮義而陋乎知人心。』昔之見我者，進退一成規、一成矩，從容一若龍、一若虎。其諫我也似子，其道我也似父，是以歎也。」仲尼見之而不言。子路曰：「吾子欲見溫伯雪子久矣。見之而不言，何邪？」仲尼曰：「若夫人者，目擊而道存矣，亦不可以容聲矣！」

生命哲學的重大課題即以主體為思考的中心，儒家過分強調外在的禮儀規範，常常使得道德離開生命、離開主體，儒道對話的意義正在於把儒家「主體之非中心化」的趨向移回主體生命。外在的規範不能離開生命；相反，應該從生命的角度充實倫理。孔子感受到溫伯雪子「目擊而道存」的境界，隱含著「道與心的結合」。道具有

10 臺大哲研所高君和二〇〇五年六月完成的碩士論文《論莊子的人物系譜》（由筆者與李日章教授共同指導），文中對《莊子》一書提到的人物做了詳盡地研析。

整全性，道與心結合，就使得生命的深度更為深邃，生命的思路也更加寬廣。道與生命接觸，主體才能移動自我的界限，使之拓寬與提高。

對道家來說，儒家明禮義也是由人心而自然流露出來的，在根本上也合乎道家自然的理念。〈大宗師〉所描述的遊方之外、遊方之內的兩種態度，本為「內外不相及」。但在這則寓言中，通過具象化的理解，這也是這場對話的另一層意義。

惠莊對話：「出遊從容，是魚之樂也」

惠施是莊子生平最要好的朋友，惠施做過魏國的宰相，地位很高，但他們之間的對話完全是平等的。《莊子》書中一共有十三則對話，往往被安排出現在極為特殊的場景。惠莊對話一般出現於一些重要篇章的結尾，其中較為重要的是〈逍遙遊〉中討論「用大」與「無用之用」的問題，〈德充符〉中討論「情」與「無情」的問題和〈秋水〉篇末的「濠上觀魚」。這裡僅以「濠梁之辯」為例，探討惠莊對話蘊含的意義：

莊子與惠子遊於濠梁之上。莊子曰：「鯈魚出遊從容，是魚之樂也。」惠子曰：

「子非魚，安知魚之樂？」莊子曰：「子非我，安知我不知魚之樂？」惠子曰：「我非子，固不知子矣；子固非魚也，子之不知魚之樂，全矣！」莊子曰：「請循其本。子曰『汝安知魚樂』云者，既已知吾知之而問我。我知之濠上也。」

濠梁之辯展現了莊惠二人不同的世界觀和人生觀，但他們都觸及到了一個相同的議題，即主體如何認識客體，這是中西哲學中很重要的議題。惠莊辯論還透露出了另一個重要議題，即情理關係的問題。從惠子的思路是可以朝向「以情從理」的方向，而莊子的思路可以導向「以情絜理」的方向。有關「濠上觀魚」寓言的論述，我們先進行一些概念分析。

「遊於濠梁之上」，乃描述莊子悠遊於山水之美的感受，「遊」是寫主體心境，「濠梁之上」是寫美的情境。莊子適意地欣賞濠梁山水之美，即景而生情，化景物為情思，其樂融融。「魚出遊從容」使莊子發出了「魚之樂」的感歎，此時主體情調與客體自然相和相融，莊子以心照物、以物寄情，將外物人情化，把宇宙人性化，這正是推己及物的移情作用。對於莊子的感歎，惠子便提出了非常重要的哲學問題：「子非魚，安知魚之樂？」這是哲學上極其重要的議題，即主體如何認識客體以及主體能否認識客體的問題。莊子和惠子就這個問題展開了針鋒相對的論辯，莊子認為主體可以感悟客體，兩者是能夠相互會通的。最後，莊子提出「循其本」來解答他的「知魚之樂」，我們可以做這樣的解讀，他認為人與人之間雖然形體間隔，但人的心、性、情可相互溝通。總的來說，惠莊多次對話都顯示出惠子的特長在於運用理性思考做概念分析，莊子的特點則在於由感性的同通來體悟外界，這則對話尤其突出這一點。

莊子、惠子這段對話對我們的啟發在於：第一，它揭示了哲學上的一個重要議題，即「主客關係」的問題。在對話中，莊子代表的是感性同通的思維，惠子代表的是理性分析的思維。第二，它揭示了人和自然之間的親和感，莊子說「天地有大美而不言」，充分顯示了他對自然美的鑒賞，這正是中國的道文化與西方Logos文化的差異，中國文化更重視人與自然主客融一的境界。這一點為當今「全球化」下的異質對話提供了更高的視野和更新的角度。第三，今天的文化對話是以理性分析為主流的，理性分析的思維當然有它的重要性，但莊子「遊於濠梁」的感性同通思維是很好的補充，值得借鑒。這樣，異質文化之間的對話才真正成為可能。此外，它揭示了對話的意義，即在差異中求會通。無論是同質文化，還是異質文化，都需要進行對話，而異質文化之間的對話尤為重要。

三　全球視野下異質文化的對話

前面談到儒、道和名、道學派間進行的對話，接著要談在中西文化的差異中如何進行對話。這使我想起惠施所說的「小同異、大同異」的問題，《莊子．天下》有一段介紹惠施對異同相對性地論述：

> 大同而與小同異，此之謂小同異；萬物畢同畢異，此之謂大同異。

由於萬物有其殊相也有共相，由殊相來看，則莫不異；由共相來看，則莫不同。中西文化也是這樣，如莊子與尼采彼此的人生觀雖有巨大的差異，但也有許多觀點可以相互會通。

尼采與莊子的會通：世界各民族道德形態與價值判斷的多樣性

這裡我先以尼采《查拉斯圖特拉如是說．一千零一個目標》與《莊子．齊物論》作為基點進行論述，來察看中西文化在極大差異之中有其可以會通的觀點。先從

〈一千零一個目標〉作為起點，在這詩篇中尼采是這麼說的：

查拉圖斯特拉曾遊歷過許多地方，見到了許多民族的善與惡。在這世界上，查拉圖斯特拉還未曾發現比善惡更強大的力量。

每個民族都高懸一塊匾額。看吧！那是記錄著他們超越自我的匾。看吧！那是它的衝創意志的呼聲，凡是從最深處、最不尋常、最艱難處獲得自由，都是神聖的。

真的，我的兄弟，一旦你認清一個民族的需求、天空及其鄰人，你無疑會猜想他們自我超越的法則是什麼，以及他們攀登希望之梯的目的又是什麼。

時至今日我已有了一千個目標，因為我們有一千個民族。所缺的，只是套住千頭怪獸的鎖鏈：所缺的是一個目標。人類仍然沒有目標。

〈一千零一個目標〉提出了這樣一些主要論點：

一、世界各地區產生了多樣性的道德形態，各民族有他們不同的價值判斷。

二、不同的價值取向與道德觀念是創造意志的呼聲。

三、尼采列舉了希臘人、波斯人、猶太人、日爾曼人四個族群的價值取向，他們各自的道德標準、內涵各有不同。

四、每一個民族所形成的不同價值判斷都基於四個重要因素：困苦、土地、天空及鄰族關係。我們應該對於一個民族的困苦、土地、天空及鄰族關係有所認識，這樣才能了解他們自我超越的法則是什麼。

五、道德準則是人為設定的，並非所謂天啟的——「不是從天下降下來的聲音」。

六、人類有千百個民族，就有千百種道德準則。然而，各種不同的善惡判斷之間就會形成相互對抗，導致四分五裂，以致各民族之間出現了隔離、混亂的狀態。因此，需要有一個新的視野，作為大家合力追求的共同目標。

〈一千零一個目標〉所提出的價值判斷的多樣性，使人類能夠從一個新的視野來追求更高的目標，延續多樣的道德形態，尼采這一主張與莊子的齊物精神正相會通。

道家思想自老莊開始便倡導價值取向的多樣性與道德判斷的多向性。兩千五百年前的老子便提出美醜善惡的價值相對性觀點，如謂：「天下皆知美之為美，斯惡已。皆知善之為善，斯不善已。」（〈二章〉）莊子更闡揚齊物精神：不同的生命都有其獨特的價值，萬物都有其各自生成的方式和獨特的生存樣態，如〈齊物論〉所說：「物固有所然，物固有所可。無物不然，無物不可。」這是莊子對世界上各物的存在性及其獨特意義的肯定。但是眾多殊異性的主體生命是可以相互會通、互為主體的，即莊子所說的「恢恑憰怪，道通為一」。

羅素與莊子的會通：破除西方中心論與人類中心論

我們這一代是戰後生長的一代，自青少年開始，便處於一個動盪不安的時代。我的祖籍是福建客家地區，十來歲便因戰亂隨父母遷居臺灣。我有生之年，多局限在校園生活。由於蔣氏政權實施戒嚴長達三十八年，在高壓統治下，知識分子的言行往往成為鎮制力注視的焦點。官方將儒學的忠孝節義，由「移孝作忠」而狹化為「忠於領袖」；學術圈裡，則道統意識的樊籬深沉地籠罩著人們的心思。而我在大學期間，課程則以西方哲學為主，從柏拉圖（Plato）到黑格爾（Georg Wilhelm Friendrich Hegel），每個哲學家所構造的龐大體系，最後都要抬出一個虛構的上帝，作為其理論的最後保證。在這種無所不包的思維籠罩下，讓人深覺失去了真實的自我。直到接觸了尼采，我才體會到思想園地裡充滿著蓬勃的生命感。尼采說：「西方傳統哲學注入了過多的神學血液。」這話引起了我的無限共鳴，因而尼采的酒神精神便成為我衝破西方形而上學網羅以及宋明道統觀念囚籠的兩個面向。

上個世紀五十年代後期到六十年代後期，在臺灣大學校園內外流行著兩股西方現代哲學思潮，一是存在主義，一是邏輯實證論。就我個人的學術理路，是由尼采而存在主義再到莊子。羅素之所以對我那一代人產生廣泛的影響，不是因為他的分析哲學，而是他解析社會現狀的論著，最盛行的如《變動世界的新希望》，羅素言論最引起我們共鳴的是他深懷社會良知的呼聲。從二十世紀五十年代起，羅素強烈譴責英美政府的侵略行徑。一九六一年，已經九十高齡的羅素，仍然在參與對英國政府的抗議示威中被捕入獄。

羅素《變動世界的新希望》主旨在於討論人與自然的衝突、人與人的衝突、人與自己的衝突，並且在各種衝突中探尋和諧的可能性。我們首先談人與自然的衝突。

中西哲學自然觀的差異：天人合一論與天人分離觀的對顯

在人和自然的關係上，羅素說了如下這些富有現代意義的話：

> 現在我們對於自然的態度，有以驕橫代替順從的危險，這將導致更大的災難。
>
> 我們雖然能使物質的自然滿足於我們的願望，但我們不能支配自然或改變自然的常態。

工業耗盡地球的資源，現代的工業其實就是在浪費地球資源，這樣必定要受到浪費的報應。

雖然羅素這些言論出現在上個世紀五十年代，但我們現在讀來，恰像生態學者對全球人士所作的告誡。與西方文化將人與自然割裂的傾向不同，中國傳統文化具有「天人合一」、推崇自然無為的和諧思想。而最早提出「天人合一」觀念的就是莊子，如在〈知北遊〉中所提到的「通天下一氣」便體現了這種思想。在人與自然的關係上，莊子強調「知天之所為，知人之所為者，至矣」。這就提醒我們既要了解自然的作用，也要了解人為的作用，這樣才能真正做到人與自然的和諧，而不是將人類的欲望、行為妄加於自然之上。正如金岳霖先生在《中國哲學》一文中指出的，中國文化一向不將自然與人分割開來，西方則有一種征服自然的強烈願望，自然與人類隔離的看法帶來了西方哲學中的人類中心論，對自然的片面征服讓人性更加專斷，他說：「如果我們用堵塞的辦法來征服自然，自然就會重重地報復我們；不久就會在這裡或那裡出現裂縫，然後洪水滔天、山崩地裂。人的本性也是一樣。例如原罪說就會造成頹廢心理，使人們喪失尊嚴，或者造成憤怒的燥發。」[11] 而另一位當代新道家方東美先生也有相同的看法。在他的一本英文著作《中國人的人生觀》（*The Chinese View of Life*）中，也進行了中西自然觀與人性論的比較，他提出：「我們對自然的態度與西方不同，自然對我們來說，是普遍生命流行的境界」，「人和自然之間也沒有任何的隔閡，因為人類生命與宇宙生命乃是融貫互通的。」[12]

在這方面，傳統道家文化為我們提供了豐富的思想資源。老子「道法自然」，重點在於呈現、表述「道」的精神是「道」遵行自然而已，也就是說「道」依據自身的存在方式、遵行自身的活動方式自由運行。同時，在「道」的統攝下，老子也強調了天地人相互聯繫的整體性。至莊子表述自然，則由物理的自然、人文的自然，進而提升到境界的自然。僅就物理自然而言，他由「刻雕眾形」的道之美而提出「天地有大

11 金岳霖《中國哲學》一文的英文手稿寫於一九四三年，一九八〇年發表，由錢耕森中譯，收在《金岳霖學術論文選》（北京：中國社會科學出版社，一九九九年）。文中所引內容在第三六二頁。

12 方東美，《中國人生哲學》（臺北：黎明文化事業公司，二〇〇五年），頁九三。在這本書裡，方先生在談到人與自然的割裂時，也講到西方「神魔同在」的人性二分法，他指出，這是把人性淪為一種惡性二分法（Vicious Bifurcation）。同樣，熊十力在《論文書札》中，通過對東西方文化的比較，也指出西方文化的會導致「殺機充大宇」。《熊十力全集》第八卷（武漢：湖北教育出版社，二〇〇一年），頁一一二。

美」。在莊子看來，天地間物象百態，春和桃麗，夏涼柳新，秋爽菊豔，冬凜鬆勁，無不生機暢達，引發人對山水之美的觀賞趣向，就像〈知北遊〉所說：「山林與！皋壤與！使我欣欣然樂與！」

後世對山林的品鑒也淵源於此，魏晉南北朝時代的士大夫具有極高的審美情趣，披奇覽勝是他們的生活趣味，山水詩畫的創作、鑒賞也因而蔚然成風，這與莊子對天地審美情趣的激發不無關係，莊子希望能借由欣賞天地山水之美而達到主體精神愉悅的審美情懷。〈外物〉表達的就是這種情懷：「大林丘山之善於人也，亦神者不勝。」人之所以嚮往大林丘山，正是因為人置身其中能心神舒暢，悠然適性。

莊子常讚歎大道創生萬物時體現的藝術創造精神，「刻雕眾形而不為巧」。造化鍾靈毓秀，美不勝收，宇宙就是個藝術寶庫，處處感發人的審美情趣，使人回歸真性、自在的生活，怡然於天地人的和諧共存之中。

莊子宇宙觀、人生觀的基本主張就在於強調人和天地自然是一氣相通的、不可分割的整體，所謂「天地者，萬物之父母也」。人應當尊重天地的自性，與天地和諧共生，進而保持人與人之間的和諧共處，以最終實現內心的和諧欣樂，這就是莊子倡導的「三和」：天和、人和與心和[13]。聖人之德是「成和之修」，其最高境界就是達到

「三和」的狀態，也即「遊心於德之和」的審美境界。

中西哲學人生觀的差異：中國人文傳統與西方極權宗教的對顯

《變動世界的新希望》全書最精闢之處，在於〈種族仇視〉及〈信仰和意識形態〉這兩章的討論（第十二、十三章）。羅素指出各種集團間最劇烈的鬥爭，經常是導源於經濟利益、種族主義和宗教信仰。

有關種族主義的衝突，羅素指出法國人和英國人自黑斯天（Hastings）之戰至滑鐵盧（Waterloo）之戰，互相打了七百五十年之久。不過在和平期間，彼此之間並沒有真正的厭惡，仍然互相旅遊，甚至通婚。但是，「英國血統的美國人對紅印第安人的態度就不同了」。的確，英國血統的美國人進入北美洲時，對印第安的土地和人民做了相當殘酷的掠奪和屠殺。根據史料記載，被殺戮的印第安人多達兩百萬人。這段歷史在白人的藝術手法描繪下，美化成為所謂的「西部開拓史」，而且塑造了許多好

13 《莊子．天道》：「夫明白於天地之德者，此之謂大本大宗，與天和者也；所以均調天下，與人和者也。與人和者，謂之人樂；與天和者，謂之天樂。」莊子把人類與「大本大宗」的天地和諧相應的狀態稱為「天和」，把人類與天地萬物共存共生所呈現出的和樂之境稱為「天樂」。這種和樂落實到人間就是調適人間的多樣存在，達到「人和」，而消除了族群對立，與人歡愉共處，便是「人樂」

萊塢式的英雄。羅素在討論白人對印第安人敵意後面的一段文字，提出了「白種人帝國主義」的概念，當時羅素意指俄國政權，然而現在看來，這個概念更適合於「美利堅共和國」。

與種族主義緊密連接在一起的是宗教狂熱及其排他性。羅素指出，「信仰不同未必就是衝突的原因；要信仰的爭執和狂熱的不寬容結合時，才會如此」。羅素列舉了佛教傳入中國時並未引起爭端，而猶太人則是一個例外，他特別指出，「基督教徒從猶太人傳承了這種神學上的排他性。它認為對異教崇拜的任何讓步，就是容忍偶像崇拜，這是重大的罪惡」，「宗教戰爭以回教的興起而開端。回教徒也如基督教徒和猶太人一樣，主張真的信仰只能有一種。雖然他們並不如基督教徒那麼不能容忍異端，但他們的不寬容已足使基督教國和回教國之間，無真正和平之可能」。史實證明，在整個中世紀，戰爭被用為傳教的武器，以屠殺為手段排斥其他信仰，[14] 從十字軍東征到兩次世界大戰，幾乎所有大規模的戰爭都導源於西方世界。[15] 這和西方宗教的歷史根源相關。

羅素的洞見可謂一針見血，正是不寬容和排他性才會引發殘酷的迫害、屠殺等暴行。中國古代莊子的慧識也恰好照見了西方種族主義以及宗教之不寬容和排他性的病根，他自始便對這種偏見、成見保持一種警惕。開篇〈逍遙遊〉「小知不及大知，小年不及大年」的提法，正是要人擴充胸襟識見，不要局限於自己片面的「小知」。局限於「小知」的人常對其他事物抱有一種成見，不理解因而也就不承認、不接受，這種狀態被莊子比喻為「蓬心」。以「蓬心」觀世，就如同柏拉圖「洞穴比喻」中，被鐵鏈鎖在洞穴中的囚徒，以囿於一方的狹隘視角來觀看問題，並認為自己所見便是全部真理。以成見為真理，並自是而非人，只會使自己的生命陷溺於「日以心鬥」的困境，造成人與人之間的隔閡，甚至造成人與人之間的爭鬥，這在〈齊物論〉中莊子稱之為「成心」。

抱著「成心」的人，「是其所是而非其所非」，預示著武斷和欠缺包容的心態，針對這種成見，莊子提出了「以明之心」，即通過虛靜的功夫，使心靈達到空明之

14 由西歐基督教國家對地中海東岸國家發動的十字軍東征，歷時近兩百年（一〇九六至一二九一年），包括六次宗教性軍事行動，為了從伊斯蘭教手中奪回耶路撒冷。

15 在東方文化中，日本是唯一的例外，正如羅素在《中國問題》中所說的：「只要是歐洲人對中國所犯的罪行，日本人都犯過，並且有過之而無不及。」也可以說，日本人已經全部模仿了西方人醜陋的一方面。羅素，《中國問題》（上海：學林出版社，一九九六年），頁九六。

境，「以明之心」用現代語言就是指開放的心靈。有著開放的心靈，才能使視野開拓，接納多樣價值和多種視角。

莊子這種「相尊相蘊」的齊物精神為《淮南子．齊俗訓》所繼承。莊子的「成心」，〈齊俗訓〉稱之為「隅曲」之見；莊子的「以明之心」，〈齊俗訓〉稱之為「宇宙」視野。因為有著「宇宙」視野的人，才能使百家之言匯聚一堂。[16]

莊子的「以明之心」、〈齊俗〉的「宇宙」視野，上承老子「海納百川」和孔子「道並行而不相悖」[17]之恕道的人文傳統。漢代之後，作為異質文化的佛教文化才能夠得以引入中國；近代以來，嚴復引進的自由、民主的思潮，能逐漸落實到母體文化的土壤上。這和羅素提到的宗教不寬容、種族主義形成了鮮明的對比。如果要進行全球異質文化的對話，那麼東方應該儘量發出聲音，西方中心論也要有所反省。

二〇〇九年十一月，應北京大學高等人文研究院杜維明院長邀請，參加第二屆中印《知識、智慧與精神性》學術研討會，本文前言為參與研討會所寫的提綱。一年之後開始構思並著手寫成此文，內容的主題已經由中印對話轉向為中西異質文化的對話，二〇一一年十二月十日完稿。刊於香港《國家新視野》二〇一二年春季號。

---

16 《淮南子・齊俗訓》說：「故百家之言，指奏相反，其合道一也。」

17 〈中庸〉：「萬物並育而不相害，道並行而不相悖。小德川流，大德敦化。此天地之所以為大也。」

我讀《莊子》的心路歷程

每個人在不同的階段接觸《莊子》，都會有不同的體驗與理解。在這本書的最後一篇，想和大家談談我讀《莊子》的心路歷程。

一

最初，我是由尼采進入《莊子》的，時間跨度大約從上世紀六〇年代初到七〇年代初。這是很長的一個階段，對於《莊子》，我主要是從尼采的自由精神來闡發，同時思想上也受到了存在主義的影響。第二個比較重要的階段，起自一九七二年夏天我初次訪美。在美期間的所見所聞，使我的注意力漸漸從個體充分的覺醒開啟了民族意識的視域，而對《莊子》的理解也隨之轉移到「歸根」和「積厚之功」的層面上去。第三個明顯的思想分界標誌則是「九一一」，它使我更加看清了霸強的自我中心和單邊主義，由此推到《莊子》研究上，也使我更加注重要多維視角、多重觀點地去看待問題。以上三個階段並不是完全割裂的三部分，而是隨著時空環境的轉化才慢慢呈現出來的狀態。前一節的思路到了後一節也免不了會餘波猶存，或者一條線索起伏地發展著。下面我將側重在第一、二階段的闡述，第三階段也許未來有機會再敘。接下來，我就結合《莊子》文本給大家說說自己讀《莊子》的理解。

譬如《莊子・逍遙遊》第一段：

> 北冥有魚，其名為鯤。鯤之大，不知其幾千里也。化而為鳥，其名為鵬。鵬之背，不知其幾千里也。怒而飛，其翼若垂天之雲。是鳥也，海運則將徙於南冥。南冥者，天池也。

最初我的理解側重在「遊」、在「放」、在「精神自由」，這裡我可以拿尼采的觀點來對應。尼采曾經自稱為「自由精神者」（《愉快的智慧》），他說：「不管我們到哪裡，自由與陽光都繞著我們。」而《莊子・逍遙遊》正是高揚的自由自在的精神活動。

尼采和莊子所散發的自由呼聲，使我能夠從道統化的觀念囚籠中，走向一個沒有偶像崇拜的人文世界。我在大學時代，臺大哲學系的教學以西方哲學為主，四年所修的課程，使我一方面極其讚賞西方哲人具有如此高度的抽象思維，但又令我深深感到西方傳統哲學確如尼采所說，注入了過多的神學血液。（尼采《反基督》說：我們整個哲學血管裡具有神學的血液。）尼采宣告「上帝之死」及其進行「價值轉換」的思想工作，使他背負了西方兩千多年沉重的歷史承擔。相形之下，莊子浸身於諸子相互激盪下的人文思潮中，在老莊的人文世界裡，沒有尼采所承受的神權、神威所浸淫的宗教和神學化的哲學漫長歷史重擔。莊子的人文世界裡，天王消失了，連人身崇拜的人王也不見蹤影，「其塵垢粃糠，將猶陶鑄堯舜者也。」（〈逍遙遊〉）。

我的青年時期，正處於新舊儒家重塑道統意識及其推波助浪於個人崇拜的空氣中。這時，尼采的這些話語使我感到眼明心亮：

> 生命就是要做一個人，不要跟隨我——只是建立你自己！只是成為你自己。（《愉快的智慧》）
>
> 留心，別讓一個石像壓倒了你們！你們還沒有尋找自己，便找到了我。一切信徒

都是如此，因此，一切信仰都不值什麼。（《查拉圖斯特拉如是說》卷一〈贈與的道德〉）

我教你們丟開我，去尋找你們自己！

莊子的人文世界裡，「獨與天地精神往來」，「汪洋恣肆以適己」，既沒有康德式的「絕對命令」，也不見膜拜「教主」的幻影崇拜症。

尼采和莊子都是熱愛生命的。尼采說：「世界如一座花園，展開在我的面前。」（《查拉圖斯特拉如是說》卷三〈康復者〉）他借查拉圖斯特拉唱出如此熱情的歌聲：

我的熱愛奔騰如洪流——流向日起和日落處；從寧靜的群山和痛苦的風暴中，我的靈魂傾注於溪谷。我心中有一個湖，一個隱祕而自足的湖，但我的愛之急流傾瀉而下——注入大海！」（卷二〈純潔的知識〉）

你得用熱情的聲音歌唱，直到大海都平靜下來，傾聽你的熱望！（卷三〈大熱望〉）

莊子則說：

若人之形者，萬化而未始有極也，其為樂可勝計邪！善吾生者，乃所以善吾死也。（〈大宗師〉）

莊子善生善死的人生態度，忽然使我想起泰戈爾的詩句：「願生時麗如夏花，死時美如秋葉。」不過，尼采和莊子屬於兩種不同的生命形態，尼采不時地激發出「酒神精神」，莊子則寧靜中映射著「日神精神」。

尼采《查拉圖斯特拉如是說》第一卷首章〈精神三變〉，認為人的精神發展有三個階段：一開始是駱駝精神，之後是獅子精神，最後再由獅子變成嬰孩。駱駝具有忍辱負重的性格，獅子代表了批判傳統而獲得創造的自由，嬰孩則預示著新價值創造的開始。我們的人生歷程常會是如此由量變而質變的，《莊子》的鯤鵬之變也是如此漸進的。

尼采所說「獅子精神」，在《莊子》外雜篇中隨處可見。不過，我還是較欣賞駱駝精神和嬰兒精神。雖然如此，尼采的酒神精神仍然不時激盪在我的心中，因而理解

《莊子》，心思多半還是放在鯤鵬之「大」上，放在大鵬「怒而飛」的氣勢上。

隨著年齡與閱歷的增長，我的心思就漸漸由當初的激憤沉澱下來，進而體會到「積厚」的重要性。鯤在海底深蓄厚養，須得有積厚之功；大鵬若沒有經過心靈的沉澱與累積，也不可能自在高舉。老子說：「九層之臺，起於累土。千里之行，始於足下。」（〈六十四章〉）走千里路，就得有一步一步向前邁進的耐心。同時在客觀條件上，如果沒有北海之大，就不能蓄養巨鯤，也就是說如果沒有深厚的文化環境，也就不能培養出遼闊的眼界、寬廣的心胸。而蓄養巨鯤，除了溟海之大，自身還得有深蓄厚養的修持工夫，要日積月累得由量變而質變。「化而為鵬」，這意謂著生命中氣質變化所需要具備的主客觀條件。

大鵬「怒而飛」，曉喻人奮發向上，發揮主觀能動性；「且夫水之積也不厚，則其負大舟也無力」，「風之積也不厚，則其負大翼也無力」。這是鵬飛之前需儲蓄足夠起動的能量，而後乃能待時而興，乘勢而起。同樣，我們行進在人生道路上，主觀條件的創造，確實很重要的。在人生旅程中，即使舉步維艱，也要懷著堅韌的耐心繼續向前走。療傷也要有耐心，受的挫折越多越大，就越需要有積厚之功，讓你重新站起來。早先我讀「任公子釣大魚」的寓言，覺得氣派非凡，而後就慢慢注意到任公子拿了五十頭牛做誘餌，投竿到東海，「旦旦而釣」，真的也是付出了很大的耐心。年輕的時候往往欣賞孟子那種氣勢、氣概，希望自己有朝一日能夠一沖飛天，但老子說過，「為學日益，為道日損」（〈四十八章〉）。歲月的推移，終將使人覺察到「為學日益」、「積厚之功」的重要性。

我是念哲學的，對於鯤化鵬飛寓言中所蘊涵的哲理，除了從人生不同歷程來解讀之外，久之又會從哲學專業的角度做出詮釋。例如，其一，從工夫到境界的進程來解讀；其二，從「為學」到「為道」的進程來理解；其三，從視角主義多重觀點來解釋。這裡簡略說說前兩項。

一、從工夫到境界的進程：「鯤」的潛伏海底，深蓄厚養經由量變到質變，乃能化而為鳥；鵬之積厚展翅，奮翼高飛，這都是屬於工夫修為的層次。而鵬之高舉，層層超越，游心於無窮（所謂「其遠而無所至極」、「以游於無窮者」），這正是馮友蘭先生所說的精神上達「天地境界」的層次。工夫論和境界說是中國古典哲學的一大特色。而鯤化鵬飛的寓言，正喻示著由修養工夫到精神境界層層提升的進程。說到這裡，我不能不指出郭象對《莊子》本義的扭曲，郭象的曲解一直延誤到王船山（如《莊子解》所謂「小大一致，則無不逍遙」）。而郭象以「小大雖殊，逍遙一也」

的注解貽誤尤深，如果根據郭象不惜牽人以合己的武斷詮釋，以為小麻雀只要在矮樹叢中跳跳躍躍，自得於一方就行了。所謂「小鳥之自足於蓬蒿」（〈秋水〉注），這和井底之蛙的「自足」有什麼區別？讀任何經典，都得考慮它們的語脈關係，〈齊物論〉中萬物齊同的語境意義和〈逍遙遊〉中的「小大之辨」是不可混為一談的。郭象以「齊小大」觀念將大鵬之遠舉與斥鴳之騰躍等同視之，他採用橫向削平的方式，而全然無視於縱向發展的深度和高度。這樣，郭象不僅消解了莊子修養工夫的進程重要環節，也消解了莊子層層遞進的境界哲學。

二、從為學向為道的進程：《老子．四十八章》出現兩個重要的命題，「為學日益，為道日損」。「為學」是經驗知識的累積，「為道」是精神境界的提升，老子似乎並沒有把這兩者的關係聯繫起來，而且《老子》還說過「絕學無憂」（〈二十章〉），這樣「為學」和「為道」成為不相掛搭的兩個領域。嚴復就曾經批評《老子》「絕學無憂」的說法，好比非洲的駝鳥，敵人追趕奔跑，無處可逃，便埋頭到沙灘裡。「絕學」就能「無憂」嗎？嚴復的批評有道理。總之，老子提出「為學」與「為道」的不同，這議題確實很重要，但兩者如何銜接，是否可以相通，這難題留給了莊子。在鯤化鵬飛的寓言中，莊子喻示了修養工夫到精神境界的一條進程，同時也隱含了「為學」通向「為道」的進程。《莊子》書中，寫出許多由技入道的寓言，如庖丁解牛（〈養生主〉）、痀僂承蜩、梓慶為鐻（〈達生〉）、大司馬之捶鉤者（〈知北遊〉）。這些由技藝專精而呈現道境的生動故事，都表達出「為學日益」，而通向「為道」的神高超妙境界。

二

尼采說：「一切決定性的東西，都從逆境中產生。」一九六六年，我開始在中國文化大學哲學系教書，由於在一個非正式的場所說了幾句被視為禁忌的話，暑假期間就在特務機關的壓力下遭到解聘，直到一九六九年才在臺灣大學哲學系獲得專任講師的職位。這三年處於半失業狀態，東奔西跑，兼課過日子，心情上可謂煎熬度日，就在生活的逆境中，我專注到老莊的研究上，經歷六、七年的工夫，終於先後完成《老子今註今譯及評介》、《莊子今註今譯》。借著注譯的工作，跟古代智者進行對話。委實說來，我投入老莊的思想園地，跟自己在現實生活上追求自由民主的理念是相應的。然而這條思路在一九七二至一九七三年之間，起了一個很大的轉折。

一九七二年訪美，因故而匆促回臺，第二年就發生臺大哲學系事件，使我再度被迫離開臺大教職（一直到一九九七年才平反復職，長達二十四年之久），我跌入前所未有的困境中。不過，現在看來，倒是如《老子》所說，「禍兮福之所倚」。

一九七二年夏天我初訪美國時，從西部到東部遊歷了三個月，所見所聞，一方面有如《莊子．秋水》所寫河伯流向北海，大開眼界；另一方面，所聽聞和目睹的，卻不斷衝擊著我的思維。

我赴美國的第一站，到加州聖地牙哥（San Diego）探望我的妹妹和妹夫。幾天後，留美學生在校園放映有關南京大屠殺的紀錄片，我前往觀看。這是我生平第一次看到一群群日本士兵手持軍刀瘋狂屠殺老弱婦女的鏡頭，紀錄片中，外國記者還拍攝到一卡車、一卡車地搬運平民屍體的實況。這使我聯想起幼年時期日軍轟炸我家鄉的慘景，也使我回想起大一、大二所讀的中國近代史的課程——自鴉片戰爭之後，我們的國家不停地受到列強的侵略，一百多年來，不止一個國家欺凌你，而且多國欺凌你！外戰剛完，內戰又起，這又使我想起大學畢業時的光景，我被分派到金門服兵役（那時候每個大學生都要服兩年兵役），那是我頭一回上「前線」。我站在古寧頭碉堡上，遙望著對岸，那就是我的故鄉，我出生在廈門鼓浪嶼（「鼓應」這個名字，就來自於「鼓」浪嶼）。那時我忽然產生這樣的想法：我哥哥就在對岸，如果一旦發生戰爭，我們兄弟就要被迫對陣，但是我有什麼理由，要拿起槍桿，槍口對著我的親人？在金門服役的八個月裡，我經常想著這類的問題。

我和大批的留學生都屬於大戰後成長的一代，我們親身經歷過戰火給家園帶來的災難，目睹苦難人群的流離失所。南京大屠殺的實錄片，給我巨大的衝擊，我身處保釣運動反帝民族主義的思潮中，也不免反省到同胞相殘的內戰有什麼意義。《莊子》不是早就說過：「君獨為萬乘之主，以苦一國之民……夫殺人之士民，兼人之土地，以養吾私與吾神者，其戰不知孰善？」（〈徐无鬼〉）莊子還以「觸蠻相爭」的寓言來譏刺當時的內戰：「有國於蝸之左角者，曰觸氏；有國於蝸之右角者，曰蠻氏。時相與爭地而戰，伏屍數萬。」（〈則陽〉）我旅美期間沿途接觸到許多港臺的留學生，都是當時最優秀的知識分子，他們投入保釣運動，在同胞愛的思緒與情懷中，發出民族團結的呼聲，我們為什麼還要背負上一代政治人物的恩怨？保釣運動中的留學生，多從政治文化的角度進行反思；當時的我，則只從人性的立場來省思，一直到我對美國的政情有著進一步認識之後，我對問題的思考，才提到政治的宏觀角度。

到美國之前，基本上我是個激進的自由主義者（依我看來，自由主義者可分為兩類，比如：「五四」時代陳獨秀是個激進的自由主義者，而胡適是個保守的自由主義者；一九五〇年以後的臺灣，殷海光是個激進的自由主義者，而胡適依然是個保守的自由主義者）。由於倡導言論開放和維護人民的基本權利，在當時的環境以及師承淵源上，我常被劃歸為「親美派」，確實我那時內心也相當傾慕美國，但我環繞美國一周之後，發現我心目中的「自由民主聖地」居然運送大批坦克大炮去支持全世界那麼多獨裁國家，而且全球性地在別人的國土上進行分裂活動。我們在白色恐怖時期從事民主活動的「黨外人士」，哪一個不把美利堅當成主持正義的「理想國」？美國之行，使我對西方式的「民主」和生活方式有了新的認識和「價值重估」，同時方興未艾的保釣運動，也開啟了我的華夏思維和社會意識，兩者激盪下，對我原先所支持的自由主義和個人主義產生了很大的衝擊。簡要地說，就是由原先的個體自覺，擴大到對社群的關懷；由懷鄉意識，走向反帝的民族主義者。

關於社會關懷的議題，除了為數不少的政論文字之外，我在學術的領域內，發表過〈詩經中的民聲〉、〈墨子的社會意識〉等文章，一九九〇年後參加多次國際會議又發表過多篇論文，如〈道家的社會關懷〉、〈道家的和諧觀〉、〈道家的禮觀〉等。在這裡，我想說說我的懷鄉意識。

一九七二年以前，由於我生活在白色恐怖的專制政治之下，而學術界又籠罩在「道統」意識的低沉空氣中，因而個體自覺和個性張揚成為我那時期的用心所在。而莊子「萬物殊理」的重要命題，便成為我倡導個體殊異性的理論根據。

那時期，臺灣當局將海峽對岸全盤性地以「敵我矛盾」看待，親人音訊全被隔斷，偶而由第三國傳達資訊，總是感到心驚肉跳，若被特務機關聽到風聲，便會即刻以《懲治叛亂條例》逮捕。有一次，我妹妹從美國加州托朋友帶來一封我四哥從泉州寫來的信，這是我們兄弟音訊隔斷二十多年的第一封家書。當時的情景我還記得很清楚，我的老友張紹文叫我到他家，轉給我這封家書，我拿了信走進紹文家的洗手間，關起了門，看四哥的信，四哥信中建議：我們在中秋節黃昏六點鐘晚餐時刻，兄弟四人一同舉杯互祝健康，由他通知在長汀城裡的二哥和河田鄉下的三哥。看完四哥的信，我擦乾淚水，不作一聲地走回客廳和老友繼續聊天。當時的政治氣氛，連我這樣的書生都警覺到，別說親兄弟，親生父母也不得書信來往，如果我把這事向人說了出去，不但可能給自己惹禍，也會讓朋友遭殃。現在的年輕人，只要存著人性關懷的心腸，都需要了解我們親身經歷的一段白色恐怖的歷史。這只是忽然間想起的一節小事例而已。

我到了美國，身處異邦，遙望祖國大陸，那裡傳來的每個景物風情的畫面，都激起我的思鄉情懷，「舊國舊都，望之暢然。雖使丘陵草木之緡入之者十九，猶之暢然」（〈則陽〉）。這話在當時想來，格外有弦外之意。《莊子．徐无鬼》還有一段寫遊子思鄉的心情：「子不聞夫越之流人乎？去國數日，見其所知而喜；去國旬月，見所嘗見於國中者喜；及期年也，見似人者而喜矣；不亦去人滋久，思人滋深乎？」思鄉之情，更加能觸發我的民族意識。在當時的環境與氣氛之下，民族意識卻成為我和王曉波在「臺大哲學系事件」中遭受整肅的主要原因。

民族意識可以朝兩個不同的方向發展，一個是強權擴張性的民族主義，一個是反殖民、反侵略的民族主義。我從一九七二年訪美到二〇〇一年「九一一」事件前後，我越來越看得清楚這兩個方向的發展脈絡。這時我忽然想起柏拉圖的「洞穴比喻」，我有機會走出洞穴，看到了世界的真相，也回想起我從中學時期開始，就喜歡看電影，特別是西部武打片。電影中的西部開拓者經常成為我們心中的英雄，而「紅蕃」總被當成被獵的物件，劇情也常把紅白之間看是絕對善惡的兩方。當我們走出洞穴後，才明白價值的顛倒，才知道所謂的西部開拓史，其實是一部美國原住民的血淚史。印第安人的美好山河、寶貴生命，一寸寸地、一個個地被帶著先進武器的白人燒殺擄掠。走出洞穴後，更能深刻體會到，在全球化的發展過程中，我們應該破除單邊思考的模式，要學習尊重地球村中各個不同的民族，並欣賞與包容不同的文化特色與生活方式，應該透過多邊思考來相互會通，並在相互會通時仍保有各自的獨特性。走出洞穴後，使我經常能夠體會到〈齊物論〉中的哲理。比如說，我讀到「齧缺問王倪」的寓言中「孰知正處」、「孰知正味」的發問時，深感應該打破人群或人類自我中心主義，但這還只是思想概念上的意義。而這二十多年來，數十次地往返於太平洋東西兩岸之間的親身經歷，對人同類相害、異類相殘的所見所聞，和人類對地球生命的漠視與毀損的事實，讓我更深刻地意識到莊子齊物思想的現代意義。

現實經驗的歷程和我對道家，甚至對中國哲學的研究態度，卻有直接和間接的關係。現在我再舉莊子「魯侯養鳥」和「混沌之死」的寓言，來說明多邊思考的意涵。先說「魯侯養鳥」：魯侯將一隻飛落在郊外的海鳥，迎接到太廟，宰牛羊餵牠，送美酒給牠喝，這隻鳥不敢喝一口酒，不敢吃一塊肉，目眩心悲，三天就死了。這是用自己的方法去養鳥，不是用養鳥的方法去養鳥（「此以己養養鳥也，非以鳥養養鳥也」），所以莊子說，「先聖不一其能，不同其事」。我很喜歡這寓言所蘊涵的道理，我總要借它來張揚人的智慧才性之不同，教育方式和為政之道都不可用一個模式去套。我們傳統的教育方式，包括父母對待子弟的教養，通常不是採用莊子式的順性引達的誘導方法，而是慣用儒家規範型的訓誡方式。為政之道也如此，領導者常出於己意制定種種政策和法度，政策和法度若不適民情民意，自然容易殃成災難。「九一一」之後的美國，對中東發動的一輪十字軍東征，以輸送「自由」、「民主」為名，其後果也正是「具太牢以為膳」而強「以己養養鳥」。

「渾沌之死」的寓言，和「魯侯養鳥」故事有相通之處。南海的儵和北海的忽相遇於中央的渾沌之地，「渾沌待之甚善」。為了報答渾沌的美意，「日鑿一竅，七日而渾沌死」。早先我會從真樸的自然本性來解釋「渾沌」，從「有為」之政導致人民災害來解釋雕鑿所產生的惡果。後來世事經歷多了，眼界開些，心思廣些，就越能體會老莊相對論的道理。不僅僅在政治層面，不能流於專斷、獨斷，當博采眾議；社會層面，也要留意過度自我中心常會導致意想不到的流弊。魯侯的單邊思考，用意是好的，卻造成鳥的「眩視憂悲」，以至「三日而死」。儵與忽「謀報渾沌之德」，立意是善的，但使用「鑿」的方式，卻造成「七日而渾沌死」。莊子的相對思想和多邊思考是相聯繫的。

三

尼采使我積極，莊子使我開闊。這裡我以莊子〈則陽〉和〈德充符〉中的兩句話為例，來說明我在不同的歷程中解讀的側重面。其一是「萬物殊理，道不私」（〈則陽〉），其二是「自其異者視之，肝膽楚越也；自其同者視之，萬物皆一也」（〈德充符〉）。前者在道物關係中蘊涵著殊相和共相、個體和群體關係問題；後者謂自「物」的世界中，不同的視角可得出不同的觀點。我就這兩點談談我讀《莊子》的心路。

前面說過，一九七二年以前，由於我生活在一個視個體生命如草芥的政治環境中，而排斥異端的道統意識又彌漫著學術園地，因而莊子「萬物殊理」的哲學命題成為我伸張個體殊相的重要理論依據。再加上當時校園裡分析哲學學術空氣的影響，所以比較偏向「自其異者視之」這一視角來看待事物，這裡當然隱含著我對專制政體推行的吞噬個體的集體主義的反抗意識。因而，莊子〈齊物論〉中「萬竅怒號」、「吹萬不同」的名言，成為我由衷讚賞的典故。

但一九七二年之後，我漸漸地由「萬物殊理」執著進而理解「道者為之公」的意義，以及兩者間的相互含攝性。我漸漸地認識到，如果只由「自其異者視之」，就容易對事物流於片面觀察，也容易局限於自我中心，因而也需要「自其同者視之」以擴大自己的視域。河伯如自得於一方，「以天下之美為盡在己」，那就成了「拘於墟」、「篤於時」、「束於教」的井底之蛙，要等見到海若才知天地之大，而海若卻「不敢以此自多」。每回讀〈秋水〉就會反思自己努力要從河伯的視域走向海若的視域，這是長期對世界不同文化的觀察和自我反思所經歷的一段漫長道路，而莊子的思想觀念也不時地開拓我的心胸。

現在讓我再從〈齊物論〉和〈秋水〉舉例來說明。比如，我先前講〈齊物論〉，特別欣賞「十日並出」象徵開放心靈的比喻，這和儒家「天無二日」的主張剛好形成鮮明的對比（從這裡也可窺見儒、道在以後成為官方哲學和民間哲學的不同走向）。講〈齊物論〉的過程中，我會一直強調「相尊相蘊」以及「物固有所然，物固有所可」的齊物精神，但對於「道通為一」（「舉莛與楹，厲與西施，恢恑憰怪，道通為一」），要通過一段相當長的生活經驗，才能貼切領會莊子的同通精神。莊子不僅認識到「物之不齊，物之情也」（《孟子．滕文公》），同時肯定各有所長，並且將不齊之物提升到更高的層次上來相互會通。正如從地域觀念來區分，就有上海人、江浙人、閩南人、客家人，這是「自其異者視之」，但若從「同者視之」，那麼「四海之內皆兄弟也」。從莊學的多維視角、多重觀點來看，生活在現實世界中的人，既有其區域文化的獨特性，也有其作為宇宙公民的共通性。剛才所引〈齊物論〉的話「恢恑憰怪，道通為一」，就是說，天地間的每個個體是千差萬別的，但在宇宙的大生命中，彼此之間是可以相互會通的。

在齊物的世界中，萬事萬物是千姿百態的（「萬竅怒號」、「吹萬不同」），但彼此之間不是孤立不相涉的，而是相互含攝、相互會通的——這是莊子之「道」的同通特點。〈齊物論〉最後兩則寓言「罔兩問景」與「莊周夢蝶」，也可以從個體生命在宇宙生命中的會通來理解。以前我讀「罔兩問景」時，老感到困惑難解，只好依照郭象的說法講，影和形，「天機自爾，坐起無待」，但從文本上卻又找不出和原義相對應的解釋。其實，莊子的人生論是建立在他有機整體的宇宙觀的基礎上——宇宙間一切存在都有其內在的聯繫，彼此層層相因，相互對待而又相互依存。「罔兩問景」的寓言，並不在於強調物各「自爾」、「無待」，反之是說現象界中物物相待相依關係，莊子意在「以道觀之」來會通萬物。

〈齊物論〉篇尾是一則家喻戶曉的「莊周夢蝶」的寓言：

昔者莊周夢為蝴蝶，栩栩然蝴蝶也。自喻適志與，不知周也。俄然覺，則蘧蘧然周也。不知周之夢為蝴蝶與？蝴蝶之夢為周與？周與蝴蝶，則必有分矣。此之謂物化。

這則寓言，正是呼應開篇首段主旨「吾喪我」的。從「吾喪我」到「物化」，首尾相應：「喪我」是破除成心，破除我執，「吾」（「真宰」、「真君」）是將自己從封閉心靈中提升出來而以開放的心靈（「以明之心」）與宇宙萬物會通的大我。《莊子》談「我」，不同的語境有不同的意涵，有時指自我中心的個體，有時指社會關係中的存在，有時指參與宇宙大化的我。「莊周夢蝶」承接開篇「吾喪我」之旨，寫個體生命在人間世上的適意活動及其「翛然而往，翛然而來」（〈大宗師〉）融合於宇宙大化流行之中（「此之謂物化」）。

不過，早年我讀「莊周夢蝶」，最引發我興趣的，卻是這一古代「變形記」中所描繪的「栩然適志」的生活情景，它立即使我想起卡夫卡（Franz Kafka）《變形記》（*Die Ver Wandlung*）中主角格裡戈有一天醒來忽然變成一隻甲殼蟲，想爬出臥室趕早班車去上班，但感到自己言語不清，行動遲緩，只能在室內爬行度日。這篇小說描繪出現代人空間的囚禁感，時間的緊迫感及現實生活的逼迫感，這正反映了現代人的生活心境。對比之下，「莊周夢蝶」則道出人生快意適志，如蝴蝶飄然飛舞，悠然自得，世界宛如一座大花園，無所往而不樂，我們所體會到的是莊子達觀的人生態度。我先前對「莊周夢蝶」的故事，是出於文學性的領會。後來，才留意最後這兩句話的哲學義涵：「周與蝴蝶，則必有分矣。此之謂物化。」「分」與「化」是這則寓言中所使用的重要哲學關鍵字。（我們讀書要注意每章每節文本中的關鍵字，其中所透露出的隱含或顯明的思想觀念，並且留意由概念範疇發展成未顯題化或顯題化的哲學議題。）「分」是講每個個體生命，時空中的存在體；「化」是講宇宙的大化流行。「莊周夢蝶」這寓言，和「罔兩問景」寓言一樣，不能孤立地作解，要從〈齊物論〉的主旨來理會。前面說到的「恢恑憰怪，道通為一」——個體生命千差萬別，但在宇宙大生命中，可以相互會通，這裡也說莊周和蝴蝶「必有分矣」，莊子巧妙地借著夢境來打破彼此的區分——在莊子的氣化論中，死生存亡為一體，無數個體生命起起落落，時而化成莊周，時而又化為蝴蝶，個體生命總是要融入宇宙大生命中，而個體生命在宇宙大生命中總是有內在聯繫的。「物化」，要聯繫著「道通為一」來講。「化」和「通」是了解莊子哲學重要的概念範疇，鯤可以化而為鵬，莊周可以化而為蝴蝶，在大化化育流行的過程中，個體生命在宇宙大生命中是不住地流通變通的。

和「莊周夢蝶」對比，我個人更欣賞「濠梁觀魚」的故事。我在研究所畢業後，剛到大學教課時，因為課程的需要，除了老莊之外，教了五、六年以上的邏輯課程，所以我對惠子與莊子的論辯，初讀時會注意兩者的論辯哪一個比較合乎邏輯推論的程式。比如說，我會覺得惠子的邏輯理路比較清晰，同時我也注意到他們的論辯好像火車軌道是平行的，而沒有交集的地方。後來我會進一步注意到他們的論辯提出了哪些重要的哲學問題（比如說，他們提出主體如何認識客體的問題），也看出惠子是出於理性來看問題，而莊子則站在感性思維觀賞這世界。原先我認為在邏輯理路上莊子是流於詭辯，之後我慢慢體會到，「請循其本」應該不是我所說的「話題從頭解釋起」。莊子是站在從感性同通的角度來觀看事物，因此「本」是指從心、性、情的角度來觀看，乃是說人的情性可以相互交通的，與外物也是如此。

惠子與莊子遊於濠梁之上，「遊」是心境，「濠梁」是美景。以如此的心境，遨遊於如此美景，寄情托意。莊子看到小白魚，就說小白魚也很樂。惠子則提出一個非常重要的哲學問題：你怎麼知道小白魚是快樂的？就是說，主體如何了解客體。主客體關係問題是莊、惠論辯中的一個重要的哲學議題，也是西方哲學中的一個重要問題。惠子從理性的角度來分析事物，莊子則是站在感性的角度來觀賞世界，兩個人的個性與世界觀本就不同。惠施的邏輯理路很清晰，但我又喜歡莊子感性「同」、「通」的美感情懷。

念哲學也好，念文學也好，彼此要互補。哲學系太重視理性與抽象思維，文學系更重視情感和形象思維，兩邊需要調節互補，讓情與理兼顧。我欣賞「異」，承認不同的人會有不同的智慧才性，要張揚個體的優點長處；但是另外一方面，我們也需要相互溝通，既能用惠施的理性去研討論文，又能用莊子的情懷，彼此發揮更多的「同」與「通」精神。

本文為二〇〇八年四月九日在南京大學圖書館報告廳、四月十四日在華東師範大學先秦諸子研究中心所作演講，經葉蓓卿整理合併，發表於《諸子學刊》第二輯。

人文

道家的人文精神
從老莊哲學看社會關懷與生命實踐

作　　者—陳鼓應
發 行 人—王春申
選書顧問—陳建守
總 編 輯—張曉蕊
責任編輯—何宣儀
特約編輯—許瑞娟
封面設計—萬勝安
內頁設計—菩薩蠻電腦科技有限公司
版　　權—翁靜如
業　　務—王建棠
資訊行銷—劉艾琳　張家舜　謝宜華
出版發行—臺灣商務印書館股份有限公司
23141 新北市新店區民權路 108-3 號 5 樓（同門市地址）
電話◎(02)8667-3712　傳真◎(02)8667-3709
讀者服務專線◎0800056196
郵撥◎0000165-1
E-mail◎ecptw@cptw.com.tw
網路書店網址◎www.cptw.com.tw
Facebook◎facebook.com.tw/ecptw

局版北市業字第 993 號
初　　版：2013 年 8 月
二版一刷：2023 年 6 月
印刷廠：沈氏藝術印刷股份有限公司
定價：新台幣 450 元
法律顧問—何一芃律師事務所

道家的人文精神：從老莊哲學看社會關懷與生命實踐 / 陳鼓應 著. -- 二版. -- 新北市：臺灣商務印書館股份有限公司, 2023.06
304 面；14.8×21 公分. -- (人文)

ISBN 978-957-05-3496-2(平裝)

1.CST: 道家 2.CST: 人文思想

121.3 112006139